国家示范性中职院校工学结合一体化课程改革教材

Qiche Dianxue Jichu
汽车电学基础

广西交通技师学院	组织编审
梁 勇　唐李珍	主　　编
唐亚萍　姚欣科	副 主 编
黄宇婧	主　　审

人民交通出版社股份有限公司
China Communications Press Co.,Ltd.

内 容 提 要

本书是国家示范性中职院校工学结合一体化课程改革教材,是按照"以工作过程为导向、以项目建设为载体"的教学模式,由广西交通技师学院组织本院专业教师编写而成的重点建设专业课程教材。本书知识点清晰,内容编排新颖,图文并茂,直观性强,通俗易懂。

本书内容包括:触电急救、电阻的基本认识、电路状态的检测、电路的串联、电路的并联、继电器的检测、检查点火开关、电容器的识别与检测、二极管的识别与检测、三极管的识别与检测、制作自励振荡电子闪光灯电路、检测汽车扬声器及音响,共计12个学习任务。

本书供中等职业院校汽车类专业师生教学使用,亦可供汽车维修行业相关技术人员学习参考。

图书在版编目(CIP)数据

汽车电学基础 / 梁勇,唐李珍主编. —北京:人民交通出版社股份有限公司,2014.12
国家示范性中职院校工学结合一体化课程改革教材
ISBN 978-7-114-11778-7

Ⅰ.①汽⋯ Ⅱ.①梁⋯ ②唐⋯ Ⅲ.①汽车—电气设备—中等专业学校—教材 Ⅳ.①U463.6

中国版本图书馆 CIP 数据核字(2014)第 236118 号

国家示范性中职院校工学结合一体化课程改革教材
书　　名:汽车电学基础
著 作 者:梁　勇　唐李珍
责任编辑:闫东坡
出版发行:人民交通出版社股份有限公司
地　　址:(100011)北京市朝阳区安定门外外馆斜街 3 号
网　　址:http://www.ccpress.com.cn
销售电话:(010) 59757973
总 经 销:人民交通出版社股份有限公司发行部
经　　销:各地新华书店
印　　刷:北京市密东印刷有限公司
开　　本:787×1092　1/16
印　　张:7.5
字　　数:157 千
版　　次:2015 年 1 月　第 1 版
印　　次:2018 年 11 月　第 4 次印刷
书　　号:ISBN 978-7-114-11778-7
定　　价:18.00 元

(有印刷、装订质量问题的图书由本公司负责调换)

国家示范性中职院校工学结合一体化课程改革教材编审委员会

主 任 委 员：罗　华　钟修仁

副主任委员：陆天云　关菲明　张健生　蒋　斌　谭劲涛
　　　　　　郑超文　赖　强　张　兵

委　　　员：樊海林　封桂炎　吴　红　李　毅　廖雄辉
　　　　　　杨　波　刘江华　梁　源　陆　佳　赖昭民
　　　　　　黄世叶　潘敏春　黄良奔　梁振华　周茂杰
　　　　　　韦军新　陆向华　谢毅松

丛 书 主 编：樊海林

丛 书 主 审：周茂杰

本 书 主 编：梁　勇　唐李珍

本书副主编：唐亚萍　姚欣科

本 书 主 审：黄宇婧

前言

随着我国汽车产业的迅速发展,汽车保有量快速攀升,汽车后市场空前繁荣,汽车维修行业面临机遇和挑战。目前,汽车维修行业专业人才紧缺现象日益突出,从业人员文化水平、业务知识、操作技能、环保意识、道德素养等方面亟待提高,迫切需要加强学习能力培养和职业技能训练。为此,广西交通技师学院在国家级中等职业教育改革发展示范学校建设过程中,依托校企合作、工学结合,根据汽车检测与维修、汽车钣金技术、汽车营销、物流管理四个重点建设专业培养方案,组织编写了这套国家示范性中职院校工学结合一体化课程改革教材。

本套教材由广西交通技师学院组织,通过校企合作的形式编写,是学校与保时捷、丰田、大众、现代等汽车公司以及北京史宾尼斯机电设备有限公司、北京运华天地科技有限公司深度校企合作成果的展示。在教材编写过程中,充分调研市场,认真总结课程改革与专业教学经验,按照"工学结合四对接"(学习过程对接工作过程、专业课程对接工作任务、课程内容对接岗位标准、顶岗实习对接就业岗位)的人才培养机制,以及"产训结合,能力递进"的人才培养模式;基于学校专业人才培养方案,教学过程监控与考核评价体系,兼顾企业典型工作项目、技术培训内容,贯穿企业"7S"(整理、整顿、清扫、清洁、素养、安全和节约)管理模式;从汽车维修企业岗位需求出发,相应组织和调整教材内容,力争体现汽车专业新知识、新技术、新工艺及新方法,满足培养学生成为"与企业零接轨、能力持续发展的高技能人才"的教学需要。

本套教材是广西交通技师学院重点建设专业课程改革教材,共计4个子系列、13种教材,包含了汽车检测与维修专业7种教材:《汽车检测与维修技术(初级学习领域一)》《汽车检测与维修技术(初级学习领域二)》《汽车检测与维修技术(中级学习领域一)》《汽车检测与维修技术(中级学习领域二)》《汽车检测与维修技术(高级学习领域一)》《汽车检测与维修技术(高级学习领域二)》《汽车电学基础》,汽车钣金技术专业2种教材:《汽车车身修复基础》《汽车车身修复技术》,汽车营销专业2种教材:《二手车销售实务》《汽车商务口语》,物流管理专业2种教材:《仓储与配送》《运输实务管理》。教材内容编排新颖,知识点清晰,图文并茂,直观性强,通俗易懂。这些教材分则独立成卷,合则融为整体,主要供中等职业院校汽车类专业教学使用,也可供汽车维修行业相关技术人员学习参考用。

本书是《汽车电学基础》,由广西交通技师学院汽车检测与维修专业教师编写,其中:黄宇婧编写学习项目1、学习项目11,唐李珍编写学习项目2、学习项目9,梁勇编写学习项目3、学习项目4、学习项目5,谢雨编写学习项目6、学习项目7,周吉彪编写学习项目8、学习项目10,黄睿编写学习项目12;全书由梁勇、唐李珍担任主编,唐亚萍、姚欣科担任副主编,黄宇婧担任主审。

本套教材编写还得到了中国汽车工程学会汽车运用与服务分会、南宁市汽车维修企业以及其他兄弟院校的支持与帮助,在此致以诚挚的谢意!由于时间仓促,加之我们的经验和学识方面的欠缺,书中难免存在着诸多不足之处,恳请从事职业教育理论研究和汽车相关专业教学的各位同仁不吝赐教、代为斧正,我们期待着你们对我们不懈追求的支持,也诚望大家批评和指正。

教材编审委员会
2014 年 9 月

目 录

学习任务 1　触电急救 ··· 1
学习任务 2　电阻的基本认识 ··· 7
学习任务 3　电路状态的检测 ··· 16
学习任务 4　电路的串联 ··· 23
学习任务 5　电路的并联 ··· 30
学习任务 6　继电器的检测 ·· 36
学习任务 7　检查点火开关 ·· 45
学习任务 8　电容器的识别与检测 ··· 56
学习任务 9　二极管的识别与检测 ··· 69
学习任务 10　三极管的识别与检测 ··· 82
学习任务 11　制作自励振荡电子闪光灯电路 ·································· 95
学习任务 12　检测汽车扬声器及音响 ··· 100
参考文献 ·· 109

学习任务 1　触 电 急 救

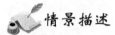 **情景描述**

小梁同学在宿舍里使用"热得快"烧水,当水烧开后,用湿手拔掉插头的瞬间突然大叫一声,倒地抽搐。同宿舍同学见状,马上切断电源,有同学立刻拨打120,有同学对该触电同学进行人工呼吸和胸外按压。经现场抢救和医院急救,终于把他从死亡线上拉了回来。

 学习目标

★ **知识目标**

1. 了解人体触电的类型及常见原因;
2. 掌握触电急救的原理和方法;
3. 了解心肺复苏的原理;
4. 掌握心肺复苏的操作步骤;
5. 了解心肺复苏后的特征。

★ **技能目标**

能够熟练掌握触电的现场处理措施。

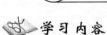 **学习内容**

1. 触电的类型及常见原因;
2. 触电的现场处理措施。

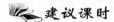 **建议课时**

2课时

学习过程

一、任务要求

小梁同学在不慎触电后,其他同学对其进行心肺复苏现场急救。

二、资料收集

1. 人体触电的类型及常见原因

电流对人体的伤害分为电击和电伤。

电击是指电流通过人体内部,破坏人的心脏、肺部及神经系统、使人出现痉挛、呼吸窒息、心颤和心跳骤停等症状,严重时会造成死亡。

电伤是指电流的热效应、化学效应或机械效应对人体外部的伤害,如电弧烤伤、烫伤和电烙印等。

通常所说的触电事故是就电击而言。按照人体触及带电体的方式和电流通过人体的途径不同,触电大体上有以下几种情况:

(1)在1000V以上的高压电气设备附近,当人体将要触及带电体时,高电压就能将空气击穿成为导体而使电流通过人体,同时还发生高温电弧,把人烧伤。

(2)单相触电是指在地面或其他接地导体上,人体某一部位触及单相带电体的事故。

(3)两相触电是指人体两处同时触及两相带电体的触电事故,其危险性较大。

(4)跨步电压触电是指当短路电流经设备接地体入地时,该接地体附近的大地表面具有电位。当人在接地体附近,由两脚之间的跨步电压引起的触电事故。

2. 心肺复苏操作标准

(1)单人操作标准:

①把触电者放平,头往后仰70°~90°,开放气道,正确进行人工吹气2次。

②单人正确进行胸外按压15次。

③单人正确进行人工吹气2次。

④连续进行正确胸外按压15次、正确进行人工吹气2次(15∶2)的四个循环。

(2)双人操作标准:

①把触电者放平,头往后仰70°~90°,开放气道,正确进行人工吹气2次。

②双人正确进行胸外按压5次。

③单人正确进行人工吹气1次。

④连续正确进行胸外按压5次、正确进行人工吹气1次(5∶1)的十二个循环。

3. 复苏后的特征

触电者复苏后,其特征表现为:能自主呼吸,心脏恢复跳动,瞳孔缩小,颈动脉恢复连续搏动。

4. 急救注意事项

(1) 急救要尽快进行,不能只等候医生的到来,在送往医院的途中也不能中断急救措施。

(2) 基础生命支持(BLS)的"黄金时刻":在死亡边缘的患者,BLS的初期4～10min是病人能否存活的最关键的"黄金时刻",决定着抢救程序是否继续进行。每延误1min,室颤性心搏骤停的存活率便降低7%～10%;若有"第一救护者",心搏骤停的存活率可显著提高。

凡溺水、心脏病、高血压、车祸、触电、药物中毒、气体中毒、异物堵塞呼吸道等导致的呼吸终止,心跳停顿在就医前,均可利用心肺复苏术(CPR)维护脑细胞及器官组织不致坏死。

三、任务准备

(1) 实验台(板)一张。

(2) 抹布、干燥木棍、塑料管等。

(3) 胶钳、剪线钳等工具若干。

四、任务实施

1. 迅速脱离低压电源处理步骤(表1-1)

迅速脱离低压电源处理步骤　　　　　表1-1

(1) 切断电源	(2) 割断电源线

(3) 挑拉电源线	(4) 拉开触电者

— 3 —

2. 心肺复苏操作步骤(表1-2)

心肺复苏操作步骤　　　　　　表1-2

(1) 开放气道 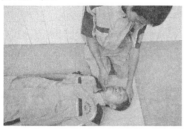	(2) 简单诊断——测呼吸 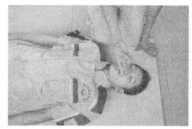
(3) 简单诊断——听脉搏 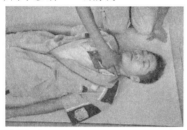	(4) 清理口腔异物 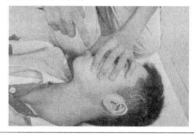
(5) 口对口人工呼吸——捏鼻子 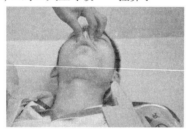	(6) 口对口人工呼吸——呼气 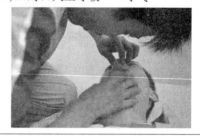
(7) 胸外按压——确定按压位置1 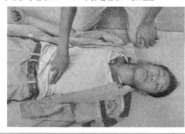	(8) 胸外按压——确定按压位置2 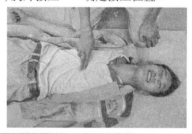
(9) 胸外按压——确定按压位置3 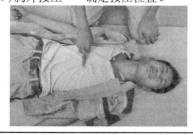	(10) 胸外按压——确定按压位置4 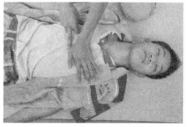

续上表

(11)胸外按压	(12)双人施救
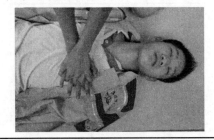	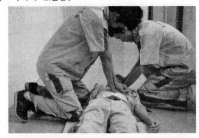

对本学习任务进行学生互评,学生技能考核任务检验表如表1-3所示。

任 务 检 验 表　　　　　　　　　　　　　　　　　　　表1-3

项　目	内　　　容	完成情况(打√)		待说明情况
		是	否	
单人施救	气道畅通的正确操作(取出口中异物、开放气道)			
	呼吸和心脏是否停止的正确判断			
	人工呼吸的正确方法			
	胸外按压的正确方法			
	单人操作时按压和呼吸的操作节奏(15:2)			
双人施救	气道畅通的正确操作(取出口中异物、开放气道)			
	呼吸和心脏是否停止的正确判断			
	人工呼吸的正确方法			
	胸外按压的正确方法			
	双人操作时按压和呼吸的操作节奏(5:1)			

五、任务评价

对本学习任务进行评价,学生技能考核评价表如表1-4所示。

学生技能考核评价表　　　　　　　　　　　　　　　　表1-4

考评项目	技术要求考评标准	分值	得分
口述	前述	2	
	脱离电源的方法	4	
	救护前准备检查	4	
	对症救护	4	
	救护方法	4	
	后述	2	

续上表

考评项目	技术要求考评标准	分值	得分
救护前准备检查	松开紧身衣裤	2	
	清理口腔异物	2	
	垫高肩背部	4	
	检查有无呼吸	6	
	检查有无心跳	6	
口对口人工呼吸法	单跪的位置	4	
	三指开口、捏鼻动作正确	4	
	急救者吸气、吹气的动作正确	6	
	吸气、呼气时间正确	6	
胸外心脏挤压法	跨骑位置正确	4	
	心脏位置查找方法正确	4	
	挤压心脏位置正确	6	
	下压的幅度、频率正确	6	
交替法	单跪的位置正确	4	
	心脏位置的记号正确	4	
	口对口人工呼吸法正确	6	
	胸外心脏挤压法正确	6	
总评(注:造成设备、工具人为损坏或人身伤害的,本学习任务计0分)			

学习任务2　电阻的基本认识

情景描述

小李同学的收音机声音控制功能失灵,无法通过声音旋钮改变其大小。他打开收音机外壳,发现电路板上有几个电子元件与声音旋钮相关联,个别元件发黑,其中一个元件烫手。

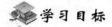学习目标

★ **知识目标**

1. 掌握电阻的概念及影响电阻的主要因素;
2. 熟悉电阻单位及换算。

★ **技能目标**

1. 熟悉识别直标电阻的参数;
2. 理解识别色环电阻的参数;
3. 学会识别电阻的功率;
4. 能够规范使用万用表检测电阻。

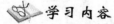学习内容

1. 电阻的概念、分类、功用及影响电阻的主要因素;
2. 识别直标电阻、色环电阻及电阻功率;
3. 使用万用表检测电阻。

建议课时

6课时

学习过程

一、任务要求

识别并检测相关电子元件,找到合适的配件对损坏元件进行更换,修复收音机声音控制功能。

二、资料收集

1. 电阻的基本概念

电阻器简称电阻(Resistor,用"R"表示),表示导体对电流阻碍作用的大小。导体的电阻越大,表示导体对电流的阻碍作用越大。电阻元件的电阻值与温度、导体长度、横截面积和材料有关。电阻是电气、电子设备中用得最多的基本元件之一,在电路中通常起分压、分流的作用。

2. 电阻的单位

电阻的单位是欧姆(ohm),简称欧,符号是Ω。

单位的换算关系(千进制):

$1\text{k}\Omega = 1000\Omega = 10^3\Omega$ $1\text{M}\Omega = 1000\text{k}\Omega = 10^6\Omega$

$1\text{G}\Omega = 1000\text{M}\Omega = 10^9\Omega$ $1\text{T}\Omega = 1000\text{G}\Omega = 10^{12}\Omega$

3. 电阻的分类

几种常用电阻外形如图 2-1 所示。

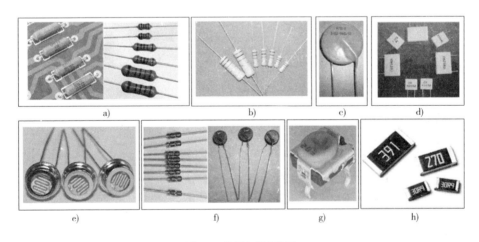

图 2-1 常用电阻实物图

a)金属膜电阻;b)氧化膜电阻;c)压敏电阻;d)水泥电阻;e)光敏电阻;f)热敏电阻;g)可变电阻;h)贴片电阻

4. 电阻的识别方法

(1)直标法。用数字、单位符号(R、K、M、G)和文字符号(或百分数)在电阻器表面直接标出阻值和允许误差。文字符号对应的允许误差见表 2-1,直标电阻识别示例见表 2-2。

文字符号对应的允许误差　　　　　　　　　　　表2-1

字符	B	C	D	F	G	J	I	K	Ⅱ	M	Ⅲ	N
误差(%)	±0.1	±0.25	±0.5	±1	±2	±5		±10		±20		30

直标电阻识别示例　　　　　　　　　　　　　　表2-2

示　例	电阻值	允许误差	功率
6R8 J	6.8Ω	±5%	
1M5 M	1.5MΩ	±20%	
335K	3.3MΩ	±10%	
223G	22kΩ	±2%	

（2）色标法。色环电阻将不同颜色的色环涂在电阻上来表示电阻的标称值及允许误差，常用的有四道色环和五道色环的色环电阻。

①色环电阻识别。

固定电阻色环标志读数识别规则如图2-2所示。由规则可见，四色环电阻有二位有效值，而五色环电阻有三位有效值，因此其精确度比四色环电阻高，一般用作精密电阻使用。色环颜色所对应的数值见表2-3。

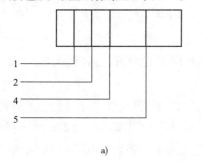
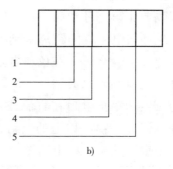

图2-2　色环标志识别规则
a）四色环电阻识别规则；b）五色环电阻识别规则
1-第一位数；2-第二位数；3-第三位数；4-倍乘数；5-允许误差(%)

色环电阻器色标符号规定　　　　　　　　　　　表2-3

颜色	第一位有效值	第二位有效值	倍乘数	允许误差(%)
棕	1	1	10^1	±1
红	2	2	10^2	±2
橙	3	3	10^3	
黄	4	4	10^4	

续上表

颜色	第一位有效值	第二位有效值	倍乘数	允许误差(%)
绿	5	5	10^5	±0.5
蓝	6	6	10^6	±0.2
紫	7	7	10^7	±0.1
灰	8	8	10^8	
白	9	9	10^9	
黑	0	0	10^0	
金			10^{-1}	±5
银			10^{-2}	±10
无色				±20

②误差色环识别技巧。

a. 常用误差色环:金、银和棕。

最常用表示电阻误差的颜色是:金、银、棕,尤其是金环和银环,一般绝少用做电阻色环的第一环,所以在电阻上只要有金环和银环,就可以基本认定这是色环电阻的最末一环。

b. 根据色环间隔来判断。

与临近色环间隔宽的即为误差环。比如对于五道色环的电阻而言,第五环和第四环之间的间隔要比第一环和第二环之间的间隔宽一些。

c. 根据色环与电阻端的距离来判断。

第一道色环一般会紧靠在色环电阻的头端,误差色环则相对远离电阻端。

5. 电阻额定功率的识别

电阻的额定功率指电阻在直流或交流电路中,长期连续工作所允许消耗的最大功率。有两种标识方法:2W 以上的电阻,直接用数字印在电阻体上;2W 以下的电阻,以自身体积大小来表示功率。在电路图上表示电阻功率时,采用如图 2-3 所示的符号。

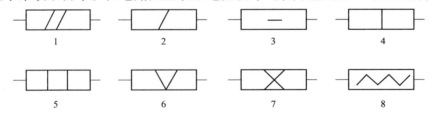

图 2-3 电阻额定功率电路符号

1-0.125W;2-0.25W;3-0.5W;4-1W;5-2W;6-5W;7-10W;8-线绕电阻瓦数单独标明

三、任务准备

直标电阻、色环电阻、氧化膜电阻、压敏电阻、水泥电阻、光敏电阻、热敏电阻、可变电阻、贴片电阻、数字万用表、实验板。

四、任务实施

1. 知识储备

（1）电阻器简称电阻，通常用字母_____表示，表示导体对电流阻碍作用的大小。导体的电阻越_____，表示导体对电流的阻碍作用越_____。影响电阻的主要因素有：_____、_____、_____、_____和_____。

（2）单位换算。

50kΩ = _____ Ω　　　　47000000Ω = _____ kΩ = _____ MΩ

7.8MΩ = _____ kΩ　　　　84500Ω = _____ kΩ = _____ MΩ

1.27kΩ = _____ Ω　　　　9×10³Ω = _____ kΩ = _____ MΩ

（3）读取下列直标电阻的参数，完成表 2-4。

直标电阻的参数记录表　　　　　　　　表 2-4

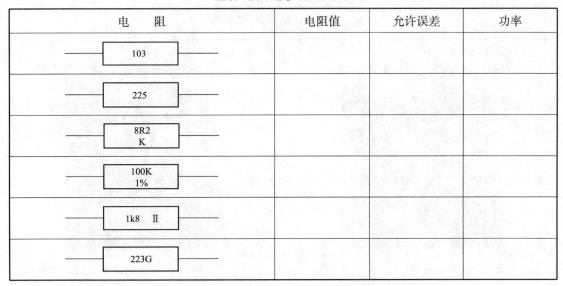

电　阻	电阻值	允许误差	功率
103			
225			
8R2 K			
100K 1%			
1k8 Ⅱ			
223G			

（4）根据下面所给的色环颜色，写出下列电阻的阻值，填写表 2-5。

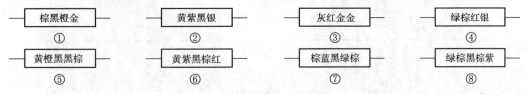

棕黑橙金 ①　　黄紫黑银 ②　　灰红金金 ③　　绿棕红银 ④

黄橙黑黑棕 ⑤　　黄紫黑棕红 ⑥　　棕蓝黑绿棕 ⑦　　绿棕黑棕紫 ⑧

色环电阻读取记录表　　　　　　　　表 2-5

序号	①	②	③	④	⑤	⑥	⑦	⑧
电阻值								
误差(%)								

（5）总结一下，你是如何快速找到色环电阻的误差色环的？

2. 实训操作

（1）使用数字万用表检测未知阻值电阻元件方法步骤，如表2-6所示。

使用数字万用表检测未知阻值电阻元件方法步骤　　　　表2-6

（1）检查万用表外观及表笔接口	（2）万用表拨至200Ω挡位，进行校表

（3）表笔接电阻引脚，从小挡到大挡选择万用表量程进行检测；当万用表显示"1"（即无穷大）时，将挡位开关往大的挡位逐挡选择，直至有数值显示为止	
（4）选择200Ω，显示"1"	（5）选择2000Ω，显示"1"

（6）选择20kΩ，显示"1"	（7）选择200kΩ挡，有数值显示，读取电阻值为38.4kΩ

（2）检测已知阻值电阻元件方法步骤，如表2-7所示。

检测已知阻值电阻元件方法步骤　　　　　　　　表2-7

（1）检查万用表外观及表笔接口	（2）万用表拨至200Ω挡位，进行校表

（3）选择最接近电阻值的挡位，检测电阻	
（4）例：270Ω电阻，选择2000Ω挡	（5）例：15kΩ电阻，选择20kΩ挡

（6）将板A1的阻值记录下来，填表2-8	（7）将板A2的阻值记录下来，填表2-9
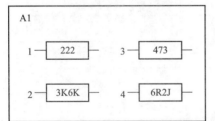	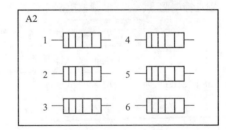

板A1电阻阻值记录表　　　　　　　　　　　　　表2-8

序号	读取电阻值	实测电阻值	万用表挡位	是否合格
1				
2				
3				
4				

板 A2 电阻阻值记录表　　　　　　　　　　　　　　　　　表 2-9

序号	颜色(从左至右)	读取电阻值	实测电阻值	万用表挡位	是否合格
1					
2					
3					
4					
5					
6					

（1）检测电阻时可以用手接触电阻，但不要把手同时接触电阻两端，这样会影响测量精确度；

（2）万用表检测电阻，读取单位时：在"200"挡时单位是"Ω"，在"2k"到"200k"挡时单位为"kΩ"，"2M"以上的单位是"MΩ"。

五、任务评价

对本学习任务进行评价，学生技能考核评价表如表2-10所示。

学生技能考核评价表　　　　　　　　　　　　　　　　　表 2-10

考评项目	技术要求考评标准	分值	得分
准备工作	准备实训项目中使用到的仪器仪表，做基本的清洁、保养及检查，酌情评分	5	
识别直标电阻	正确读取电阻值	10	
	正确读取电阻单位	10	
	正确读取允许误差、功率	10	
识别色环电阻	正确读取色环颜色	10	
	正确读取色环顺序	10	
	正确查表，读取电阻值及允许误差	10	
检测电阻	检查万用表、校表	5	
	选择正确量程	10	
	测量手法正确(两手未同时接触电阻金属部分或万用表表笔)	5	
	正确读取万用表显示数值	10	
整理工位	整理工量具，清洁工位	5	
总评(注：造成设备、工具人为损坏或人身伤害的，本学习任务计0分)			

六、学习拓展

特殊电阻在汽车传感器中的应用

1. 热敏电阻式冷却液温度传感器

该传感器是利用热敏电阻阻值随温度的变化而变化这一特性来检测温度的。当温度较低时,传感器的阻值很大;反之,当温度升高时,其阻值减小。在汽车上装有很多热敏电阻式温度传感器,常用于检测冷却液、机油的温度,其中用得最多的是温度表以及电喷发动机的冷却液温度传感器。

2. 半导体压敏电阻式进气压力传感器

传感器中的压力转换元件是利用半导体的压阻效应制成的硅膜片,其变形与压力成正比,利用电桥将硅膜片的变形转换成电信号,半导体压敏电阻式进气压力传感器是由压力转换元件(硅片)、把转换元件输出信号进行放大的混合集成电路和真空室组成。

3. 电阻应变计式碰撞传感器

当膜片产生变形时,电阻应变计式碰撞传感器应变电阻会发生变化。为了提高传感器的检测精度,应变电阻一般都连接成桥式电路,并设计有稳压和温度补偿电路。当汽车遭受碰撞时,振动块振动,缓冲介质随之振动,应变计的应变电阻产生变形,阻值随之发生变化,经过信号处理与放大后,传感器输出端的信号电压就会发生变化。

4. 阳光传感器

光敏电阻是利用半导体的光电效应制成的。在受光时,半导体受光照产生载流子,由一电极到达另一电极,有效地参与导电,从而使光电导体的电阻率发生变化。光照强度越强,电阻越小;光照强度越弱,电阻越大。例如:自动空调上的阳光传感器。阳光传感器的检测:在强阳光下测量,电阻为 $4k\Omega$ 左右;用布遮住阳光传感器,电阻为无穷大。

学习任务3 电路状态的检测

情景描述

根据电源与负载之间连接方式的不同,电路有通路、开路和短路三种不同的工作状态,这三种工作状态各有用处。例如一些调节或控制回路常用到短路。根据电路原理图,按要求连接好一个实物电路,并利用万用表检查电路连接情况,分析原因并写出结论。

学习目标

★ 知识目标

1. 知道电路的组成及作用;
2. 知道常见电路的三种状态;
3. 知道电路的三种状态的常见故障现象。

★ 技能目标

1. 会连接电路的三种状态,知道安装三种电路状态的材料准备;
2. 能够按要求规范连接电路的三种状态;
3. 知道检查电路三种状态的常见故障现象的方法。

学习内容

1. 电路的组成及作用;
2. 通路、断路、短路的概念;
3. 检查三种电路的工作状况;
4. 按技术要求完成电路的三种状态的连接和检测。

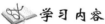建议课时

6课时

 学习过程

一、任务要求

根据电路原理图,按要求连接好一个实物图,并利用万用表检查电路连接情况,分析原因并写出结论。

二、资料收集

1. 通路的概念

什么叫电路?

把电源、熔断丝、负载(用电器)和开关用导线连接起来的路径叫作电路。

什么叫通路?

简单地说接通的电路就叫通路,通路也叫回路,指从电源的一端沿着导线经过负载最终回到电源另一端的闭合电路,电路中有电流通过。如图3-1所示,电源E、熔断丝FU、开关S、灯泡(负载)EL和导线连接成一个闭合的回路,灯泡点亮。

2. 断路的概念

什么叫断路?

简单地说断开的回路就叫断路,断路也叫开路。断开开关,电源构不成回路,电路中没有电流流过,如图3-2所示。

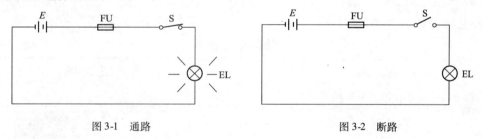

图3-1 通路　　　　　　　　　　图3-2 断路

3. 短路的概念

什么叫短路?

短路就是负载被导线直接短接或负载内部击穿损坏,电荷没有经过负载直接从正极到达负极。此时流过电路的电流很大,非常危险。在实际应用中短路是不允许发生的,如图3-3所示。

4. 完整电路的组成

一个完整的电路由电源(蓄电池)、熔断丝、开关、负载、导线五部分组成,如图3-4所示。

5. 通路的工作原理

如图3-4所示,合上开关S,电流从电源的"+"极出发流经熔断丝、开关、灯泡后回到电源的"-"极,形成一个闭合的回路,灯泡中有电流流过,灯泡点亮。

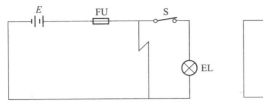

图 3-3 短路　　　　　　　　　图 3-4 完整电路

三、任务准备

(1) 设备、材料：电工实验台 1 张；12V 稳压电源(或蓄电池)；25W 灯泡 1 个；开关 1 个。

(2) 熔断丝 1 套；1.5mm² 导线 20m。

(3) 工具：十字螺丝刀 1 把；一字螺丝刀 1 把；剥线钳 1 把；尖嘴钳 1 把；万用表 1 个。

(4) 绝缘胶布 1 卷；接线座 2 个。

四、任务实施

1. 准备工作

(1) 工具、材料准备。

(2) 量具检查与校对。

(3) 熟悉电路工作原理。

2. 电路的连接步骤(表 3-1)

电路的连接步骤　　　　　　　　　　　表 3-1

电路原理图	实物连接图
(1) 连接蓄电池正极与熔断丝 FU	
(2) 连接熔断丝 FU 与开关 S	

续上表

电路原理图	实物连接图
(3)连接开关 S 与灯泡 EL E —— FU —— S 　　　　　　　　　⊗ EL	
(4)连接灯泡 EL 与蓄电池负极 E —— FU —— S 7　　1　　2 3　4　5 　　　　　　　⊗ EL 　　　　　　　　6	

3．线路连接检验

(1)开关 S 闭合,灯泡 EL 亮,如图 3-5 所示。

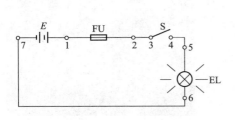

图 3-5　灯泡 EL 亮

(2)结果评判:线路连接正常,工作正常。

4．电路测量

(1)测量要求:在开关 S 闭合的情况下,对实物连接进行电位的测量,并对测量数据进行简单的分析。

(2)电位测量方法:数字万用表选择在直流电压挡"20V"上,黑表笔接触于蓄电池"－"极(即 7 点),红表笔接触于需要测量电位的测量点,万用表显示的电压就是测量点的电位,各测量点如图3-6左图所示,测量实物如图3-6、图3-7、图3-8右图所示,测量数据记录在表3-2。

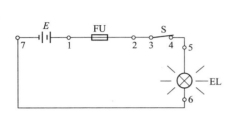

图3-6 测量3点电位

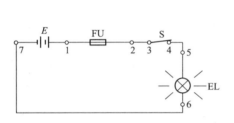

图3-7 测量4(或5)点电位

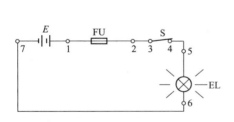
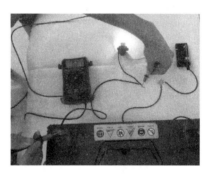

图3-8 测量6点电位

数据记录表　　　　　　　　　　表3-2

测量点	电压值(V)	测量点	电压值(V)
1		5	
2		6	
3		7	
4			

5. 电路的分析

(1)状态1:如图3-9所示,开关S闭合,灯泡EL不亮。

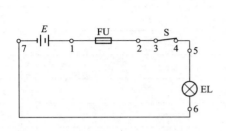

图3-9 开关闭合,EL不亮

①观察故障现象:开关S闭合后,灯泡不亮。

②测量各点电位,1点电位为:_____;2点电位为:_____;3点电位为:_____;4点电位为:_____;5点电位为:_____;6点电位为:_____。

③测量6点到7点之间的通断情况为:_____。

④结论:_____。

(2)状态2:如图3-10所示,开关S闭合,灯泡EL不亮。

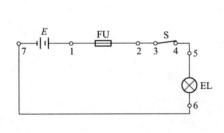

图3-10 开关闭合,EL不亮

①观察故障现象:开关S闭合后,灯泡不亮。

②测量各点电位,1点电位为:_____;2点电位为:_____;3点电位为:_____;4点电位为:_____;5点电位为:_____;6点电位为:_____。

③测量灯泡EL电阻:_____。

④结论:_____。

五、任务评价

对本学习任务进行评价,学生技能考核评价表如表3-3所示。

学生技能考核评价表　　　　　　　　　　　表 3-3

考评项目	技术要求考评标准	分值	得分
准备工作	工量具、导线及其他元件设备检查,工具台整理清洁	5	
仪器使用	万用表表笔检查及正确连接	3	
	万用表正确校表	2	
	正确选择万用表量程	5	
仪器使用	正确读取万用表数值及单位	5	
理解电路工作原理	正确描述电路工作状态	5	
	正确分析电路工作原理	5	
电路检查方案制定	正确分析电路工作状态	5	
	正确判断电路故障原因	5	
	制定合理检测方法	5	
	检测分析故障点并给出解决方法	5	
判别三种电路状态	判别错误每次扣 5 分	30	
电路连接要求	连接错误每次扣 2 分,不按规定技术要求接线,每次扣 2 分	20	
总评(注:造成设备、工具人为损坏或人身伤害的,本学习任务计 0 分)			

学习任务 4 电路的串联

 情景描述

在串联电路中,电流依次通过每一个组成元件的电路,其基本特征是只有一条支路。串联电路具有独特的伏安特性,例如:串联电路中支路上总电阻等于同一支路上各分电阻之和;支路电流处处相同;支路电压具有分压特点等。

在实际生活中有如下例子,某单位办公楼的楼梯口路灯经常烧坏,单位电工黄师傅想利用两个功率相同的灯泡分压来提高灯泡的使用寿命,请帮他设计出电路图,并按照电路图连接电路。

学习目标

★ **知识目标**

1. 知道串联电路的作用及工作原理;
2. 知道串联电路的特性;
3. 知道串联电路的常见故障现象。

★ **技能目标**

1. 了解串联电路的组成;
2. 能够按照电路图连接好一个串联电路;
3. 学会检查串联电路的故障。

 学习内容

1. 按电路图准备好连接串联电路的材料;
2. 串联电路的特性;
3. 检查串联电路的工作状况;
4. 按电路要求完成串联电路的连接和检测。

建议课时

6 课时

学习过程

一、任务要求

某单位办公楼的楼梯口路灯经常烧坏,单位电工黄师傅想利用两个功率相同的灯泡分压来提高灯泡的使用寿命,请帮他设计出电路图,并按照电路图连接电路。

二、资料收集

1. 串联的概念

两个或两个以上电阻的首尾依次连接所构成的无分支电路叫串联,如图4-1所示。

2. 串联电路的作用

串联电路有分压作用,即:电路中有多少个用电器(元件),就根据各用电器功率大小来分担电压,各用电器电压之和等于电源电压。

3. 串联电路的特点

串联电路的特点有:把电路元器件依次连接起来,电路中只有一条通路,通过一个元器件的电流同时也通过另一个;电路中需要一个开关,且开关的位置对电路没有影响;各个用电器之间的工作是互相影响的。如图4-2所示。

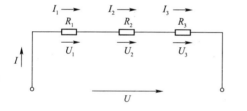

图4-1 电阻 R_1、R_2、R_3 串联　　　图4-2 串联电路

(1)电流:串联电路中电流强度处处相等,即 $I = I_1 = I_2 = I_3$,电流只有一条通路,一个开关控制整个电路的通断。

(2)电压:串联电路两端的总电压等于各串联导体两端的电压之和。

$$U = U_1 + U_2 + U_3$$

(3)电阻:串联电路的总电阻等于各串联导体的电阻之和。

$$R = R_1 + R_2 + R_3$$

(4)分压原理:串联电路中的电阻起分压作用,电压的分配与电阻成正比。

$$U_1 : U_2 : U_3 = IR_1 : IR_2 : IR_3 = R_1 : R_2 : R_3$$

(5)电功率、电功:串联电路中的电功率、电功与电阻成正比。

$$P_1 : P_2 : P_3 = I^2 R_1 : I^2 R_2 : I^2 R_3 = R_1 : R_2 : R_3$$
$$W_1 : W_2 : W_3 = I^2 R_1 t : I^2 R_2 t : I^2 R_3 t = R_1 : R_2 : R_3$$

4. 串联电路优、缺点

串联电路的优点:在电路中,若想控制所有用电器,即可使用串联电路。

串联电路的缺点:若电路中某一个用电器坏了,则整个电路都断路,其他用电器均无法正常工作。

三、任务准备

(1)设备、材料:电工实验台 1 张;220V 电源;25W 灯泡 2 个;开关 1 个;熔断丝 1 套;1.5mm² 导线 20m。

(2)工具:十字螺丝刀 1 把;一字螺丝刀 1 把;剥线钳 1 把;尖嘴钳 1 把;绝缘胶布 1 卷。

四、任务实施

1. 准备工作
(1)工具、材料检查与准备。
(2)量具检查与校对。
(3)熟悉电路工作原理。
2. 电路连接步骤(表 4-1)

电 路 连 接 步 骤 表 4-1

电路原理图	实物连接图
(1)连接蓄电池正极与熔断丝 FU	
(2)连接熔断丝 FU 与开关 S	

续上表

电路原理图	实物连接图
(3)连接开关 S 与灯泡 EL_1	
(4)连接灯泡 EL_1 与灯泡 EL_2	
(5)连接灯泡 EL_2 与蓄电池负极	

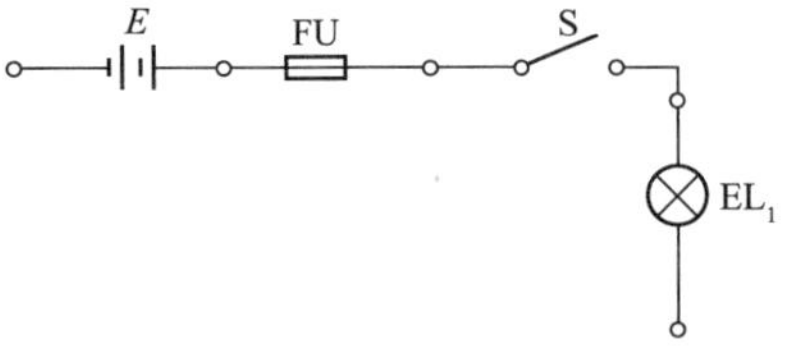

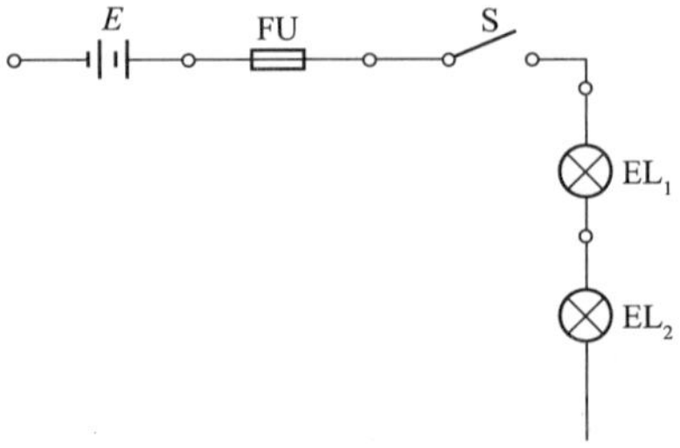

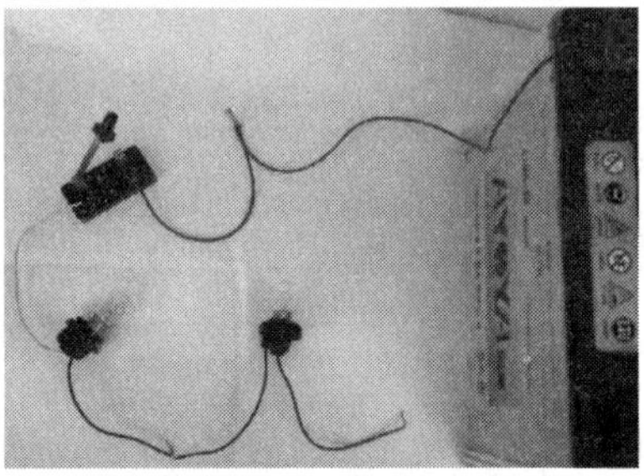

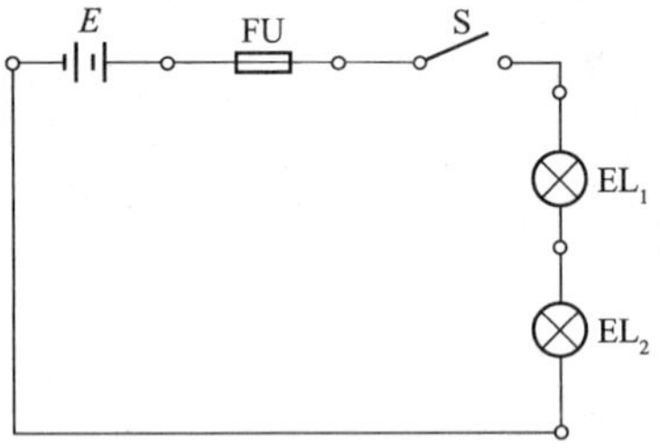

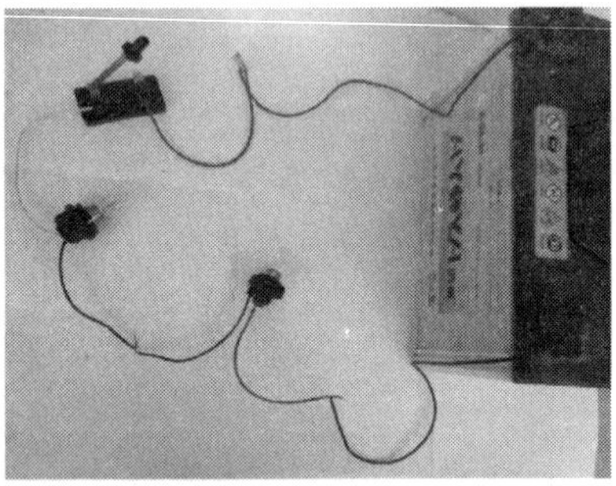

3. 检查电路的性能

(1)闭合开关 S,灯泡 EL_1 和 EL_2 同时点亮,如图 4-3 所示。

(2)结果判断:线路连接正常,工作正常。

4. 电路测量

(1)测量要求:在开关 S 闭合的情况下,对实物连接进行电位的测量,并对测量数据进行简单的分析。

(2)电位的测量。

①测量方法:数字万用表选择直流电压挡"20V",黑表笔接触于蓄电池"－"极(即 8 点),红表笔接触于需要测量电位的测量点,万用表显示的电压就是测量点的电位,各测

量点位置如图 4-4 左图所示。

②3 点电位的测量如图 4-4 右图所示。

③6 点电位的测量如图 4-5 右图所示。

④根据测量结果，分析数据。

⑤分析计算：EL_1 和 EL_2 的电压值分别是多少？

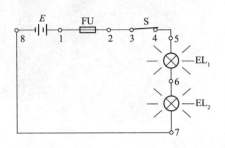 

图 4-3　开关闭合灯泡点亮

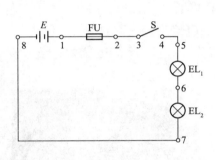 

图 4-4　测量 3 点电位值

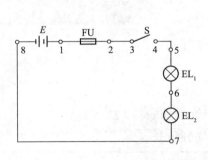 

图 4-5　测量 6 点电位值

5．电路故障的分析

（1）状态 1：如图 4-6 所示，开关 S 闭合，灯泡 EL_1 和 EL_2 都不亮。

①观察故障现象：开关 S 闭合后，灯泡 EL_1 和 EL_2 都不亮。

②测量各点电位：1 点电位为：_____；2 点电位为：_____；3 点电位为：_____；4 点

电位为:_____;5 点电位为:_____;6 点电位为:_____;7 点电位为:_____。
③测量 7 点到 8 点之间的通断情况为:_____。
④结论:_____。

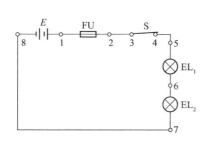 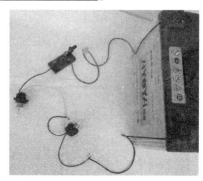

图 4-6 开关闭合,灯泡均不亮

(2)状态 2:如图 4-7 所示,开关 S 闭合,灯泡 EL_1 较暗,灯泡 EL_2 较亮。
①观察故障现象:开关 S 闭合后,灯泡 EL_1 较暗,灯泡 EL_2 较亮。
②测量各点电位:1 点电位为:_____;2 点电位为:_____;3 点电位为:_____;4 点电位为:_____;5 点电位为:_____;6 点电位为:_____;7 点电位为:_____。
③结论:_____。

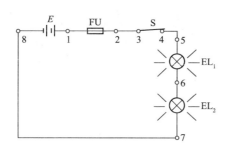 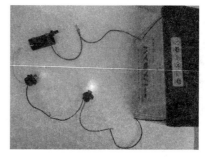

图 4-7 灯泡 EL_1 较暗,灯泡 EL_2 较亮

五、任务评价

对本学习任务进行评价,学生技能考核评价表如表 4-2 所示。

学生技能考核评价表　　　　　　　　　　表 4-2

考评项目	技术要求考评标准	分值	得分
准备工作	工量具、导线及其他元件设备检查,工具台整理清洁	5	
仪器使用	万用表表笔检查及正确连接	3	
	万用表正确校表	2	
	正确选择万用表量程	5	
	正确读取万用表数值及单位	5	

续上表

考评项目	技术要求考评标准	分值	得分
理解电路工作原理	正确描述电路工作状态	5	
	正确分析电路工作原理	5	
电路检查方案制定	正确分析电路工作状态	5	
	正确判断电路故障原因	5	
	制定合理检测方法	5	
	检测分析故障点并给出解决方法	5	
判别三种电路状态	判别错误每次扣5分	30	
电路连接要求	连接错误每次扣2分,不按规定技术要求接线,每次扣2分	20	
总评(注:造成设备、工具人为损坏或人身伤害的,本学习任务计0分)			

六、学习拓展

观察图4-8和图4-9两个灯泡各有什么不同,利用你所学的知识,说说原因。

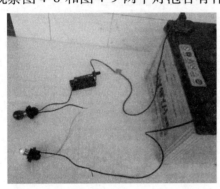

图 4-8

图 4-9

学习任务5　电路的并联

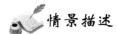 情景描述

并联电路是把元件并列地连接起来组成的电路,其特点是干路的电流在分支处分几部分,分别流过几个支路中的各个元件。例如:家庭中各种用电器的连接就是并联电路。在并联电路中,从电源正极流出的电流在分支处要分为多路,每一路都有电流流过,因此即使某一支路断开,但其余支路仍会与干路构成通路。由此可见,在并联电路中,各个支路之间互不牵连。

在实际生活中有如下例子,邕武路9号大门两侧加装两盏路灯,请设计出电路原理图,要求用一个开关控制两盏路灯,再用12V直流电验证电路原理图。

 学习目标

⭐ 知识目标

1. 理解并联电路的作用及工作原理;
2. 掌握并联电路的特性;
3. 知道并联电路的常见故障现象。

⭐ 技能目标

1. 掌握并联电路的组成;
2. 学会按照电路图连接好一个并联电路;
3. 学会检查并联电路的故障。

 学习内容

1. 按电路图准备好连接并联电路的材料;
2. 并联电路的特性;
3. 检查并联电路的工作状况;
4. 按电路要求完成并联电路的连接和检测。

📖 建议课时

6课时

学习过程

一、任务要求

邕武路9号大门两侧加装两盏路灯,请设计出电路原理图,要求用一个开关控制两盏路灯,再用12V直流电验证电路原理图。

二、资料收集

1. 并联的概念

两个或两个以上电阻首尾接在相同两点之间所构成的电路叫做并联电路,如图5-1所示为电阻 R_1、R_2 组成的并联电路。

2. 并联电路的作用

并联电路有分流作用,即:电路中有多少条支路,就由多少条支路来分担总电流,各支路电流之和等于干路电流。

3. 并联电路的特点

并联电路的特点有:电流可以有两条(或多条)路径;各元器件可以独立工作,用电器之间的工作互不影响;主干路的开关控制整个干路,支路的开关只控制本支路;断开一条支路,不影响其余支路。如图5-2所示。

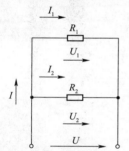

图5-1 并联电路举例

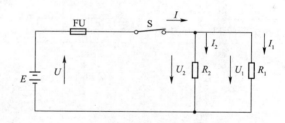

图5-2 并联电路应用举例

(1)电压:各电阻两端的电压相等,并等于总电压,即 $U = U_1 = U_2$。

(2)电流:总电流等于流过各电阻电流之和,即 $I = I_1 + I_2$。

(3)电阻:电路的总电阻的倒数等于各分电阻的倒数之和。

(4)各用电器相互无影响。

4. 并联电路优、缺点

并联的优点:一个用电器可独立完成工作,适合于在马路两边的路灯。

并联的缺点:若是并联电路,各支路电流加起来等于总电流。由此可见,并联电路中电流消耗大。

三、任务准备

(1)设备、材料:电工实验台1张;220V电源;25W灯泡2个;开关1个;熔断丝1套;

1.5mm² 导线 20m;绝缘胶布 1 卷。

(2)工具:十字螺丝刀 1 把;一字螺丝刀 1 把;剥线钳 1 把;尖嘴钳 1 把。

四、任务实施

1. 准备工作

(1)工具、材料检查与准备。

(2)量具检查与校对。

(3)熟悉电路工作原理。

2. 电路的连接步骤(表 5-1)

电路的连接步骤　　　　　　　　　　表 5-1

电路原理图	实物连接图
(1)连接蓄电池正极与熔断丝 FU	
(2)连接熔断丝 FU 与开关 S	
(3)连接开关 S 与灯泡 EL_1、EL_2	

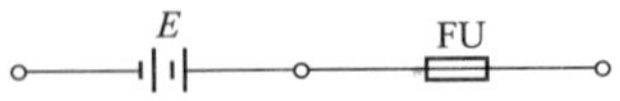

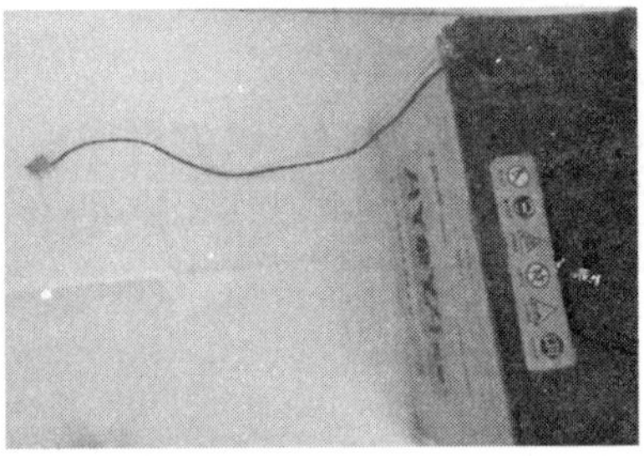

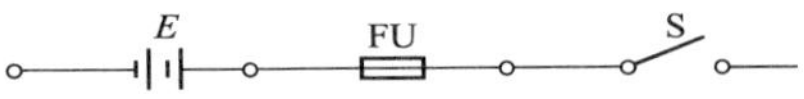

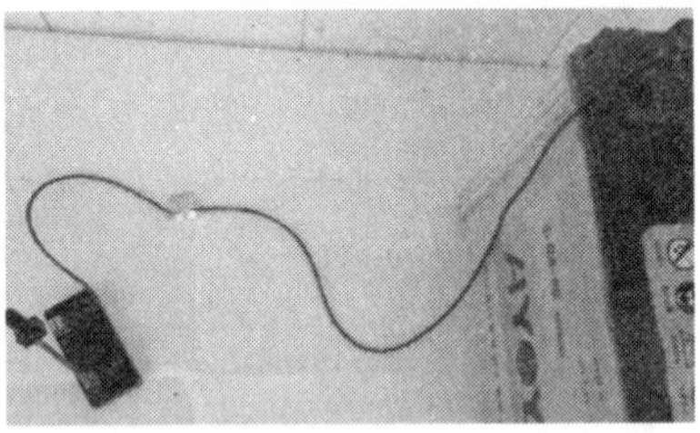

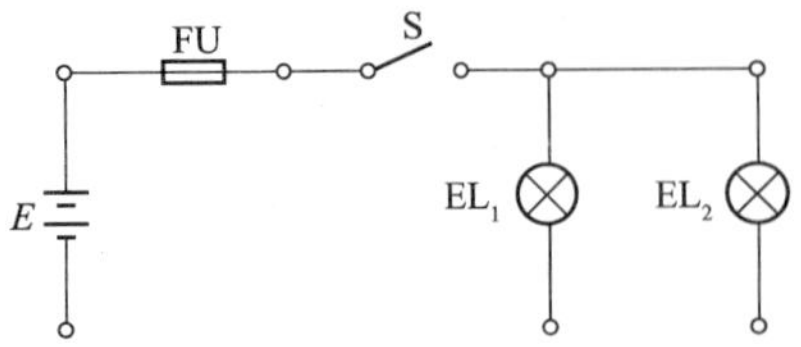

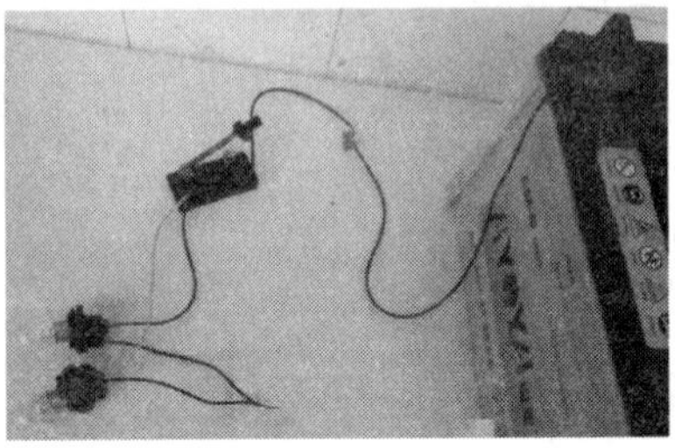

续上表

电路原理图	实物连接图
(4)连接灯泡 EL$_1$、EL$_2$ 与蓄电池负极	
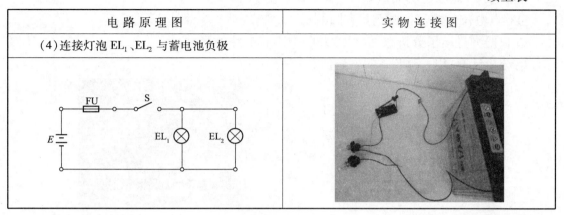	

3. 检查电路的性能

(1)闭合开关S,灯泡 EL$_1$ 和 EL$_2$ 同时点亮,如图 5-3 所示。

(2)结果评判:线路连接正常,工作正常。

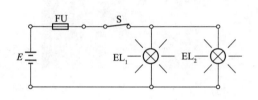

图 5-3　开关闭合灯泡点亮

4. 电路测量

(1)测量要求:在开关S闭合的情况下,对实物连接进行电位的测量,并对测量数据进行简单的分析。

(2)电位的测量。

①测量方法:数字万用表选择直流电压挡"20V",黑表笔接触于蓄电池"－"极(即7点),红表笔接触于需要测量电位的测量点,万用表显示的电压就是测量点的电位,各测量点如图 5-4 左图所示。

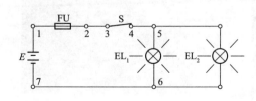

图 5-4　测量3点电位

②3 点电位的测量如图 5-4 右图所示。

③4(或5)点电位的测量如图5-5右图所示。
④6点电位的测量如图5-6右图所示。
⑤根据测量结果分析数据,思考并联与串联电路的区别。
⑥分析计算:EL_1和EL_2的电压值分别是多少?

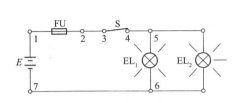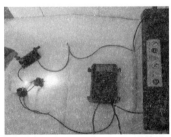

图5-5　测量4(或5)点电位

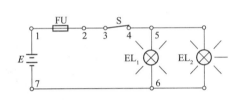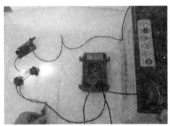

图5-6　测量6点电位

5. 电路故障的分析

(1)状态1:如图5-7所示,开关S闭合,灯泡EL_1和EL_2都不亮。

①观察故障现象:开关S闭合后,灯泡不亮。

②测量各点电位,1点电位为:_____;2点电位为:_____;3点电位为:_____;4点电位为:_____;5点电位为:_____;6点电位为:_____。

③测量6点到7点之间的通断情况为:_____。

④结论:_____。

(2)状态2:如图5-8所示:开关S闭合,灯泡EL_1不亮,灯泡EL_2亮。

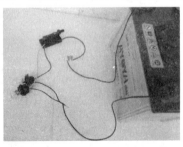

图5-7　开关S闭合,灯泡均不亮　　　图5-8　开关S闭合,只有灯泡EL_1亮

①观察故障症状:开关S闭合后,灯泡不亮。

②测量各点电位,1点电位为:_____;2点电位为:_____;3点电位为:_____;4点

电位为：_____；5 点电位为：_____；6 点电位为：_____。
③测量 6 点到 7 点之间通断情况为：_____。
④结论：_____。

五、任务评价

对本学习任务进行评价,学生技能考核评价表如表 5-2 所示。

学生技能考核评价表　　　　　　　　　　　　　　　　表 5-2

考评项目	技术要求考评标准	分值	得分
准备工作	工量具、导线及其他元件设备检查,工具台整理清洁	5	
仪器使用	万用表表笔检查及正确连接	3	
	万用表正确校表	2	
	正确选择万用表量程	5	
	正确读取万用表数值及单位	5	
理解电路工作原理	正确描述电路工作状态	5	
	正确分析电路工作原理	5	
电路检查方案制定	正确分析电路工作状态	5	
	正确判断电路故障原因	5	
	制定合理检测方法	5	
	检测分析故障点并给出解决方法	5	
判别三种电路状态	判别错误每次扣 5 分	30	
电路连接要求	连接错误每次扣 2 分,不按规定技术要求接线,每次扣 2 分	20	
总评(注:造成设备、工具人为损坏或人身伤害的,本学习任务计 0 分)			

六、学习拓展

按图 5-9 连接一个混联电路,分析该电路可以用在哪些地方？每个灯泡损坏对电路有什么影响？开关 S 和 S_1 各有什么作用？

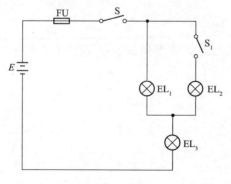

图 5-9　混联电路

学习任务6　继电器的检测

情景描述

一辆别克凯越轿车,车主开前照灯发现前照灯不亮,送修4S店。经维修人员检查后初步判断是照明系统的前照灯继电器有故障,需拆卸前照灯继电器做进一步检查。

学习目标

★ 知识目标

1. 理解继电器的作用及工作原理；
2. 熟悉继电器的各种类型；
3. 掌握继电器的常见故障现象及检测。

★ 技能目标

1. 学会检测继电器,掌握判断继电器好坏的方法；
2. 学会根据维修手册要求更换继电器；
3. 熟悉操作,过程中能遵守安全操作规范和7S现场管理法要求。

学习内容

1. 继电器的工作原理及类型；
2. 继电器的功用；
3. 检查继电器的工作状况；
4. 按技术要求完成继电器的就车更换。

建议课时

6课时

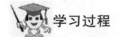学习过程

一、任务要求

从实训车上拆卸前照灯继电器,用数字万用表检查并判断前照灯继电器的好坏。检测结束后将前照灯继电器装复,打开前照灯开关,观察近光灯和远光灯是否正常,以此验证检测结果是否正确。

二、资料收集

1. 继电器的结构组成

汽车上有很多种继电器,而电磁式继电器是汽车继电器中应用最早、最广泛的一种继电器。电磁继电器一般由铁芯、电磁线圈、衔铁、复位弹簧、触点、支座及引脚等组成,如图 6-1 所示。

2. 继电器的作用

继电器是一种电子控制器件,它具有控制系统(又称输入回路)和被控制系统(又称输出回路),通常应用于自动控制。

电路中,它实际上是一种用较小电流去控制较大电流的"自动开关"。故在电路中起着自动调节、安全保护、转换电路等作用。

3. 继电器的工作原理

本章节以汽车上比较常见的电磁继电器的工作过程来解释继电器的工作原理。当电磁继电器线圈两端加上一定的电

图 6-1 继电器内部结构

压或电流,线圈产生的磁通通过铁芯、轭铁、衔铁、磁路工作气隙组成的磁路,在磁场的作用下衔铁吸向铁芯极面,从而推动常闭触点断开,常开触点闭合;当线圈两端电压或电流小于一定值时,即机械反力大于电磁吸力,衔铁回到初始状态,常开触点断开,常闭触点接通;继电器通过吸合、释放,从而达到在电路中的导通、切断的目的。

触点的形式一般分为三种,一种是继电器线圈未通电时处于接通状态的静触点,称为常闭触点,用字母 D 表示,如图 6-2 所示。

第二种是处于断开状态的静触点,称为常开触点,用字母 H 表示,如图 6-3 所示。

图 6-2 常闭触点 D　　　　　图 6-3 常开触点 H

还有一种是一个动触点与一个静触点常闭,而同时与一个静触点常开,形成一开一闭的转换触点形式,用字母 Z 表示。常闭触点在线圈通电时由闭合状态断开,所以又称为动断触点,而把常开触点称为动合触点。转换触点有两种情况:先合后断的转换触点和先断后合的转换触点,如图 6-4、图 6-5 所示。在一个继电器中,可以具有一个或数个

（组）常开触点、常闭触点和相应的转换触点形式。

图6-4 先合后断转换触点Z　　　图6-5 先断后合转换触点Z

常用的汽车控制继电器主要有三脚、四脚、五脚及六脚等样式的控制继电器。其中比较常见的是四脚和五脚的继电器，其电路符号如图6-6、图6-7所示。

图6-6 四脚继电器　　　图6-7 五脚继电器

有些继电器的线圈还并联了一个保护电阻或保护二极管，如图6-8、图6-9所示。

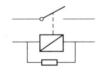 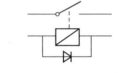

图6-8 并联电阻的继电器　　　图6-9 并联二极管的继电器

有些继电器的表面标有其图形符号，且继电器每个引脚旁边标有数字或字母，以便维修人员区分其引脚，如图6-10所示。

图6-10 标注有数字的继电器

四脚继电器其中2个引脚为电源线圈接线柱，另外2个引脚为活动触点。如图6-11所示，引脚85、86内部与线圈相连，外部接控制端，比如开关、输出的控制信号等；引脚30、87内部与触点相连，外接负载。当线圈两端有电压且电压达到吸合电压时，两个触点闭合，负载所在的回路导通；当控制端电源断开，没有电流流经继电器的线圈，磁场消失使合金触点立即分离，被控制的负载电路断开。

五脚的继电器图形符号如图6-12所示。当电流从继电器的86引脚流进线圈后从85引脚流出，继电器线圈产生感应磁场，触点在磁力作用下吸合，则30与87a控制的电路导通，30与87控制的电路断开；当电源断开，没有电流流经继电器线圈，磁场消失使合金触点分离，则30与87a控制的电路断开，30与87控制的电路导通。

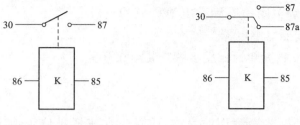

图 6-11　四脚继电器　　　　图 6-12　五脚继电器

如图 6-13 所示为常见的四脚继电器在汽车中的应用电路,分析当开关 B 闭合时的电路情况。

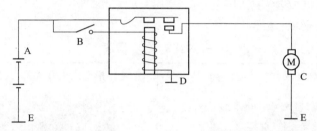

图 6-13　含有继电器的电路
A-蓄电池;B-控制开关;C-电动机;D-继电器;E-负极搭铁

控制电路:蓄电池正极→控制开关→电磁线圈→搭铁,电磁线圈通电产生感应磁场,使断开的触点闭合。

主电路:蓄电池正极→闭合触点→电动机→搭铁。

4.继电器常见故障

继电器的常见故障现象有:线圈烧断、匝间短路(绝缘老化)、触点烧蚀以及触点间隙调整不当导致继电器触点不能闭合等。

(1)继电器线圈烧坏断路。为了防止这种情况发生,在进行维修、保养及电焊时如果温度可能超过 80℃,应当拆下对温度比较敏感的继电器和电控单元。

(2)触点烧蚀。例如金杯海狮轿车(采用 491Q-ME 发动机)空调冷凝器风扇的继电器正好处于玻璃清洗喷水管的下方,若该喷水管破裂,清洗液将泄漏到继电器上,使继电器的常开触点锈蚀而不能断开,导致空调冷凝器风扇常转不停的故障。因此,应避免继电器进水。

三、任务准备

1.所需的工量具及材料

设备:别克凯越实训车 1 辆、三件套、工作台 1 张;

工量具:数字万用表 1 台;

材料:抹布。

2.拆装、检测流程分析

(1)拆卸、检测顺序:打开汽车发动机舱盖,安装所用到的三件套→确认汽车的点火开关、灯光开关等已经关闭→拆卸蓄电池负极和正极电缆线→拆卸熔断丝盖→拆卸前照灯继电器→检测前照灯继电器。

（2）安装程序：按照拆卸的相反步骤安装点火开关。

四、任务实施

在进行继电器的拆装检测作业之前，应首先在车辆维修手册上找到"继电器的更换"的相关内容，根据维修手册及实际情况进行分析，制订合理的维修方案。在拆装更换过程中，须严格按照维修手册的规范和要求。根据别克凯越维修手册中继电器的拆装制订出继电器的维修步骤如下：

1. 拆卸继电器步骤（表6-1）

拆卸继电器步骤表　　　　　　　表6-1

（1）准备工作（安装三件套等及其他基本检查）	（2）检查点火开关是否已经关闭

（3）检查前照灯开关、音响开关等是否已经关闭	（4）拆卸蓄电池电缆线（先拆负极再拆正极）

（5）拆卸熔断丝盖	（6）拆卸前照灯继电器

2. 检测前照灯继电器(表6-2)

检测前照灯继电器步骤　　　　　　　表6-2

(1)清洁前照灯继电器。 用干净的抹布清洁继电器,注意观察继电器的四个引脚有没有烧蚀的现象,如果有需要清洁干净再进行测量。否则,测量的结果会不准确,影响检测者对继电器性能的判断 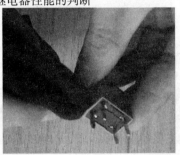	(2)检查数字万用表。 数字万用表选择"200Ω"挡进行校表,此时显示数值应小于1Ω。 注意:用数字万用表的"200Ω"挡进行测量的时候,需要把测量得到的阻值减去万用表的内阻值才得到正确的阻值。 校表的内阻:_____ 
(3)检测继电器线圈和触点。 数字万用表选择"200Ω"挡,红表笔随机接触继电器的一个引脚,黑表笔依次接触其余引脚,记录相关数据。正常情况下只有一次测量有电阻值,相应引脚即为继电器线圈,余下引脚为继电器两个触点。 继电器的线圈是____(30,85,86,87)和____(30,85,86,87)引脚;继电器的触点是____(30,85,86,87)和____(30,85,86,87)引脚 	(4)检测继电器的线圈电阻值。 数字万用表选择"200Ω"挡,表笔分别连接继电器线圈的两个引脚。若电阻值约为80Ω,则此继电器线圈良好,否则该继电器的线圈有问题,需要更换。 线圈的电阻值是_____,是否符合标准值(　　) 
(5)检测继电器的触点断开阻值。 若继电器线圈正常,需要进一步检查继电器的触点。表笔分别连接继电器触点两个引脚,正常值应为无穷大。 触点断开时的电阻是:_____,是否正常(　　) 	(6)检查继电器触点闭合的阻值 ①在继电器线圈的两个引脚接上导线 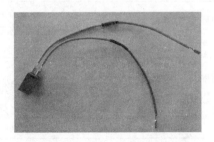

续上表

②给继电器线圈通电 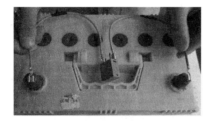	③测量继电器触点的两个引脚 用数字万用表测量继电器触点的两个引脚,测量电阻值应约为0Ω(此时触点闭合)。若显示较大的读数或无穷大,则说明该触点已被氧化或烧蚀。测量继电器触点闭合时的阻值是:_____ 

3. 检测完毕,按照拆卸的相反步骤将继电器装回实训车上

相关技术参数:

(1) 测量前照灯继电器线圈的阻值一般在80Ω左右(其他类型的继电器线圈电阻值则根据维修手册查询其标准数据);

(2) 继电器线圈所加的工作电压一般不要超过额定工作电压的1.5倍,否则会产生较大的电流而把线圈烧毁。

五、任务评价

对本学习任务进行评价,学生技能考核评价表如表6-3所示。

学生技能考核评价表   表6-3

考评项目	技术要求考评标准	分值	得分
准备工作	检查车辆是否已经安全停放,准备必要的拆装工具,酌情评分	5	
检测仪器使用	根据工具选择使用及熟练程度酌情评分	15	
前照灯继电器的工作原理认识	认知、分析继电器的工作原理错误每处扣5分	40	
前照灯继电器检测并正确诊断排除故障	拆卸/安装方法错误每项扣5分,检测方法错误每项扣5分,不按规定技术要求操作,每处扣2分	40	
总评(注:造成设备、工具人为损坏或人身伤害的,本学习任务计0分)			

六、学习拓展

汽车继电器中 4 脚、5 脚、6 脚、8 脚、10 脚继电器各脚的区别及接线

1. 4 脚、5 脚、6 脚的都是单胞继电器,即只有一个线圈,只能控制一路

(1)4 脚汽车继电器两个引脚是与继电器内部线圈相连,另两个引脚与继电器内部触点相连。在未通电时,两个触点是断开的,则称为常开触点;两个触点闭合,称为常闭触点。在汽车上主要使用的是常开触点。

(2)5 脚汽车继电器也是两个引脚与继电器内部线圈相连,另外三个引与继电器内部触点相连。

(3)6 脚继电器有两个触点是连在一起的,一般出现在电流要求很大的情况下,另一个触点是备用的,防止其中一个触点出问题。

2. 8 脚、10 脚主要是双胞继电器,即可以控制两路。也可以简单的理解为把两个继电器合并在一起

(1)8 脚继电器的应用有两种情况。

①两个常开或者常闭的继电器合并在一起,即两个 4 脚的继电器合并在一起。控制的时候相对独立,在汽车行业很少使用,主要是因为没有分开的单胞继电器使用方便。

②两个可转换触点的继电器合并在一起,正常应该是 10 个引脚,但因为有两个公用触点所以是 8 个引脚。线圈控制端是独立的,触点公共端也是独立的,但是两路的常开触点和常闭触点都是连在一起的。

此类继电器的主要特点是:节省空间、降低成本。该类继电器应用十分广泛,特别是在车窗控制器上,利用双胞继电器组成不同回路来形成回路中的正反向电流,控制车窗的升降,如表 6-4 所示。

(2)10 脚继电器是由两个可转换触点的单胞继电器组成,直接用两个单胞继电器也可以实现同样的电路。在电路的组合中需要在外围电路进行连接,内部接线完全独立,形成如 8 脚继电器的控制方法。

车 窗 控 制 器   表 6-4

控 制 流 程	电路原理图
(1)停止状态:继电器两路均为断电的状态	

续上表

控 制 流 程	电路原理图
(2)上升状态:双胞继电器中与电源正极相连的一组线圈吸合,另一组不通电,形成正向电流,带动电机,车窗上升	
(3)下降状态:双胞继电器中与电源负极相连的一组线圈吸合,另一组不通电,形成反向电流,带动电机,车窗下降	

学习任务7 检查点火开关

情景描述

一辆比亚迪 F3 轿车,车主使用钥匙起动车辆时,发现钥匙不管旋转至哪个挡位,车辆都没有任何反应。送 4S 店维修,经维修人员检查,初步判断是点火开关出现了故障,需要进一步拆卸并检测点火开关。

学习目标

⭐ 知识目标

1. 了解点火开关的作用;
2. 掌握点火开关各个挡位的功用;
3. 知道点火开关的常见故障现象。

⭐ 技能目标

1. 能够使用常见的拆装工具和准备拆装测量点火开关的工具;
2. 学会按维修手册要求规范拆装点火开关;
3. 掌握检查判断点火开关好坏的方法。

学习内容

1. 点火开关的作用;
2. 点火开关各个挡位的功用及符号表示;
3. 检查点火开关工作状况;
4. 按技术要求完成点火开关的就车更换。

建议课时

6 课时

 学习过程

一、任务要求

从实训车上拆卸并检测点火开关,检测完成后将点火开关装复并起动车辆,检查点火开关的各个功能是否正常。

二、资料收集

1. 点火开关的作用

点火开关又称点火锁或电门锁,主要用来控制点火电路,同时还能为整车电气系统供电。一般都具有拔出时转向盘能自动锁定及为电控系统提供控制识别信号的功能,同时在点火开关内还装有防止重复起动的装置。点火开关示例如图 7-1 所示。

2. 点火开关的各个挡位

汽车点火开关常见的有 LOCK、ACC、ON、START 四个挡位,如图 7-2 所示。

图 7-1　点火开关　　　　　　图 7-2　点火开关挡位

(1) LOCK:LOCK 挡通常称为锁车挡,点火开关调至该挡位时能锁车。一般车钥匙旋至该挡位就能锁死转向盘,同时关闭车上所有用电设备的电源。

(2) ACC:ACC 挡通常称为附件挡,点火开关调至该挡位时无需起动车辆就可以给车上的附件供电。钥匙旋至该挡位时收音机、车灯等可以正常使用。

(3) ON:ON 挡通常称为工作挡,点火开关调至该挡位时除了起动机,其他的基础设备都是工作的,可以为转向盘解锁、使用空调(但制冷效果不会很好),正常行车时点火开关处于 ON 挡状态。

(4) START:START 挡通常称为起动挡,用来起动发动机,使车子进入正常的工作状态。汽车正常起动后要把点火开关打回 ON 挡,否则会引起起动机损坏。

各个挡位电路图及状态功能说明如表 7-1 所示。

3. 点火开关的图形符号

如图 7-3 所示为在汽车电路中常用的几种点火开关图形符号。

各个挡位电路图及状态功能说明　　　　表 7-1

挡位状态说明	各挡位电路图
(1) LOCK 挡:点火开关有 4 个工作位置"3"、"0"、"1"、"2"。点火开关在"0"位时用电设备都不通电、不工作即 LOCK 挡	
(2) ACC 挡:工作位置是"3"和"1"。点火开关打到"3"的工作位置时同时接通"1"的工作位置,电流从电源流出,经过"3"和"1"工作位置然后流到附件,附件(例如收音机)有电就可以工作。如图中虚线所示	
(3) ON(或 IG)挡:工作位置是"1"和"2"。点火开关打到"1"的工作位置同时接通"2"的工作位置,电流从电源流出,经过"1"和"2"工作位置然后流到点火系统。如图虚线所示	
(4) START 挡:工作位置是"2"。点火开关打到"2"的工作位置,电流从电源流出,经过"2"工作位置然后流到起动系统。如图虚线所示	

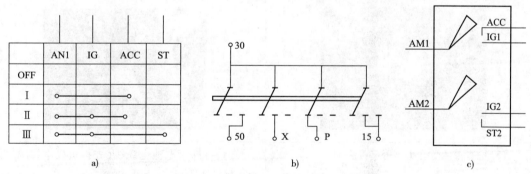

图 7-3　常见的几种点火开关图形符号

a) 比亚迪 F0 点火开关;b) 比亚迪 F3 点火开关;c) 桑塔纳点火开关

4. 点火开关常见故障

由于使用频繁,点火开关的故障率也较高。点火开关故障主要有:点火开关接线头脱落、接触不良、无法回位或回位不灵等。若接线头脱落或接触不良,需重新接线;若点火开关无法回位,是点火开关内部的复位弹簧出现问题,一般更换点火开关的锁芯即可。

三、任务准备

1. 所需的工量具及材料

设备:比亚迪F3实训车1辆;

工量具:数字万用表1个、十字螺丝刀1个、工作台1张;

材料:抹布。

2. 拆装和检测流程分析

(1)拆卸、检测顺序:打开汽车发动机舱盖,安装所用到的三件套→确认汽车的点火开关、灯光开关等已经关闭→拆卸蓄电池负极和正极电缆线→拆卸转向盘护板→拆卸跟点火开关相连接的插接器→拆卸点火开关→检测点火开关。

(2)安装程序:按照拆卸的相反步骤安装点火开关。

四、任务实施

在进行点火开关的拆装检测作业之前,在车辆维修手册上找到"点火开关的更换"的相关资料,根据维修手册的提示和说明并结合实车进行分析和探讨,制定正确合理的维修方案。在拆装更换过程中,严格按照维修手册的规范和要求进行操作,才能保证顺利完成点火开关的拆装检测维修作业,同时在维修过程中要严格遵守7S原则。

根据比亚迪修手册点火开关的相关资料制定出点火开关的拆装、检测、更换步骤如下:

1. 拆卸点火开关步骤(表7-2)

拆卸点火开关步骤　　　　　　　　　　　　　　　　表7-2

(1)打开汽车发动机舱盖,安装三件套	(2)检查点火开关是否已经关闭

(3)检查前照灯开关是否已经关闭	(4)拆卸蓄电池电缆线(先拆负极电缆线,再拆正极电缆线)

续上表

(5)拆卸转向盘护板	
①拆卸转向盘护板螺钉 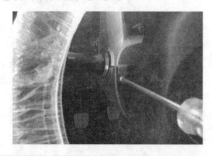	②拆卸转向盘护板。注意:不要强行拆卸,防止损坏护板 
(6)拆卸点火开关的插接器 注意:插接器有锁止扣,不要强行拆卸,防止损坏插接器 	(7)拆卸点火开关定位销并拆下点火开关 
(8)清洁点火开关 	

2. 区分点火开关的接线(表7-3)

区分点火开关的接线步骤 表7-3

| (1)检查万用表
数字万用表选择"200Ω"挡进行校表,此时显示数值应小于1Ω。
注意:用数字万用表的"200Ω"挡进行测量的时候,需要把测量得到的阻值减去万用表的内阻值才得到正确的阻值。
校表的内阻:_____ |  |

(2) 区分点火开关的1、2、3、4号线 ①区分1号线。 　　数字万用表选择"200Ω"挡,点火开关调至ON挡,万用表的一根表笔任意接点火开关的一根线,另一表笔依次接触剩余的线。当有一根线与其他两根线都导通时,这根线就是蓄电池正极线,即1号线。 　　1号线是＿＿＿颜色	 <center>跟1号线导通的一根线</center> 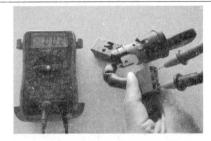 <center>跟1号线导通的另一根线</center>
②区分3号线。 　　把点火开关调至ACC挡,万用表的一根表笔接1号线,另一表笔依次接剩余的线,与1号线导通的线即为附件线(3号线)。 　　3号线是＿＿＿颜色 	③区分2号线。 　　点火开关调至ON挡,万用表的一根表笔接1号线,另一表笔依次接触剩余的线,与1号线导通的(除刚刚判断出来的3号线外)即为2号线。 　　2号线是＿＿＿颜色 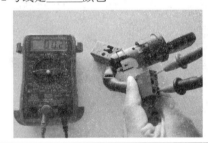
④区分4号线。 　　剩下的最后的一根线即为4号线。 　　4号线是＿＿＿颜色 	

3. 检查点火开关的好坏(表7-4)

检查点火开关好坏步骤 表7-4

(1)检测 ACC 挡(Ⅰ挡)。 　　点火开关调至 ACC 挡,万用表选择"200Ω"挡,测量1号线与3号线之间的电阻值,若测量结果为很小的数值,说明 ACC 挡良好。 　　1号线和3号线之间电阻是_____。 　　检测结果:_____ 
(2)检测 ON 挡(Ⅱ挡)。 　　点火开关调至 ON 挡,测量1号线与3号线、1号线与2号线之间的电阻值,若两次测量结果均为很小的数值,说明 ON 挡良好。1号线和2号线之间电阻是_____,1号线和3号线之间电阻是_____。检测结果:_____
①测量1号线与3号线之间电阻值　　　　②测量1号线与2号线之间电阻值 　　
(3)检测 START 挡(Ⅲ挡)。 　　点火开关调至 START 挡,测量1号与2号线、1号线与4号线之间的电阻值,若两次测量结果均为很小的数值,说明 START 挡良好。 　　1号线和2号线之间电阻是_____,1号线和4号线之间电阻是_____。 　　检测结果:_____
①测量1号线与2号线之间电阻值　　　　②测量1号线与4号线之间电阻值 　　

续上表

(4)检测 LOCK 挡(0 挡)。

点火开关调至 LOCK 挡,万用表测量任意的两根线之间的电阻值。若均不导通,说明 LOCK 挡良好,否则 LOCK 挡有问题。

1 号线和 2 号线之间电阻是_____,1 号线和 3 号线之间电阻是_____,

1 号线和 4 号线之间电阻是_____,2 号线和 3 号线之间电阻是_____,

2 号线和 4 号线之间电阻是_____,3 号线和 4 号线之间电阻是_____。

检测结果:_____

4. 装复与检查

按照拆装的相反步骤把点火开关安装回车上,检查安装是否到位,是否遗漏部件。起动发动机,检查车辆是否能够正常起动,检查点火开关的各个挡位是否正常工作。

(1)汽车蓄电池的正常使用电压一般在 12V 以上;

(2)断开汽车蓄电池正负极的时候,一定要检查相关的电气开关是否已经关闭。

五、任务评价

对本学习任务进行评价,学生技能考核评价表如表 7-5 所示。

学生技能考核评价表　　表 7-5

考评项目	技术要求考评标准	分值	得分
准备工作	车辆停靠	2	
	安装三件套	2	
	车辆基本检查	3	
	工量具准备及检查	3	
拆卸点火开关	工具选择(选错一次扣 2 分,直至扣完为止)	5	
	工具正确使用	10	
	拆卸错误每次扣 2 分,不按规定技术要求操作,每处扣 2 分	15	
识别点火开关挡位线	正确识别点火开关 1 号线	5	
	正确识别点火开关 2 号线	5	
	正确识别点火开关 3 号线	5	
	正确识别点火开关 4 号线	5	
检测点火开关	检测 ACC 挡,并给出正确结论	5	
	检测 ON 挡,并给出正确结论	5	
	检测 START 挡,并给出正确结论	5	
	检测 LOCK 挡,并给出正确结论	5	

续上表

考评项目	技术要求考评标准	分值	得分
装复检查点火开关	安装方法错误每次扣2分,起动车辆方法错误每次扣2分,不按规定技术要求操作,每处扣2分	20	
总评(注:造成设备、工具人为损坏或人身伤害的,本学习任务计0分)			

六、学习拓展

汽车上所有用电设备的接通和停止都必须经过开关控制。对开关的要求是坚固耐用、安全可靠、操作方便、性能稳定。常见的开关符号见表7-6。

常见的开关符号　　　　　　　　　　　表7-6

序号	图形符号	名称
1	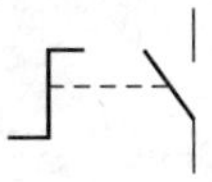	旋转、旋钮开关
2	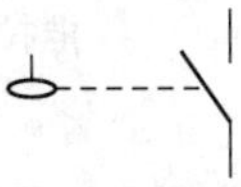	液位控制开关
3	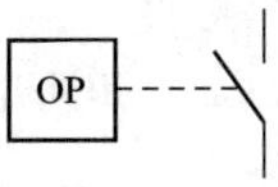	机油滤清器报警开关
4	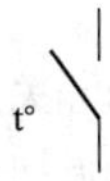	热敏开关动合触点
5		热敏开关动断触点
6		热敏自动开关动断触点
7	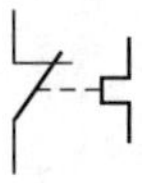	热继电器触点
8	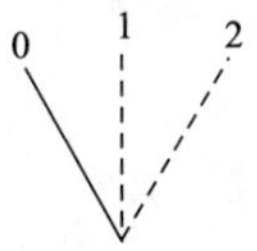	旋转多挡开关位置

续上表

序号	图形符号	名　　称
9		钥匙操作
10		热执行器操作
11	$t°$	温度控制
12	P	压力控制
13		拉拔开关
14	0 1 2	推拉多挡开关位置
15	0 1 2	钥匙开关(全部定位)
16	0 1 2 0,1	多挡开关,点火、起动开关,瞬时位置为2挡能自动返回至1(即2挡不能定位)
17		节流阀开关
18	BP	制动压力控制
19		液位控制
20		凸轮控制

续上表

序号	图形符号	名称
21		联动开关
22		手动开关的一般符号
23		定位（非自动复位）开关
24		按钮开关
25		能定位的按钮开关

多功能组合开关将照明（前照灯、变光）开关、信号（转向、危险警告）开关、风窗玻璃刮水器/清洗器开关等组合为一体，如图7-4所示。

图7-4 组合开关

学习任务 8　电容器的识别与检测

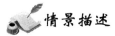 情景描述

某台式电风扇打开开关后,电动机有嗡嗡声,不能自行转动。检查变速开关、定时器等良好,由于用外力拨转扇叶电动机可以运行,虽然运转无力但运转后温升正常,排除电动机故障。故怀疑问题出在电容器上,需要排查、检测,确定故障原因。

 学习目标

★ 知识目标

1. 了解电容器的结构、种类、主要特性和作用;
2. 熟悉电容器的文字符号、图形符号和单位换算;
3. 掌握电容器主要参数的识读和选用;
4. 掌握电容器的好坏检测与极性识别;
5. 了解电容器连接的主要特点和应用。

★ 技能目标

1. 能在电路原理图中和电路板实物中识别电容器;
2. 能正确识读电容器的电容量和额定电压;
3. 能检测电容器的好坏和判别电容器的极性。

 学习内容

1. 电容器概述;
2. 电容器标称容量、额定电压、允许误差的识读;
3. 电容量和额定电压的选用;
4. 电容器的串联和并联;
5. 电容器好坏检测和极性识别。

建议课时

6课时

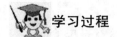

一、任务要求

正确识读电容器实物标称容量和额定电压值;熟练使用数字万用表检测电容器好坏,能通过产品标志判别电容器正负极性。

二、资料收集

1. 电容器概述

(1)电容器的结构、符号和单位换算。

所谓电容器,就是彼此被绝缘物质隔开而又相互靠近的两个导体组合而形成的能够储存电荷的电子元件。两个导体通常称为极板,从极板引出的导线称为电极,中间的绝缘物质称为电介质。电容器的主要结构与图形符号如图8-1所示。

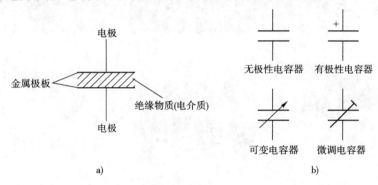

图8-1 电容器的主要结构与图形符号

a)主要结构;b)图形符号

电容器也简称电容,用字母"C"表示。电容器的电容量单位有:F(法拉)、mF(毫法)、μF(微法)、nF(纳法)、pF(皮法)。

$$1F = 10^3 mF; 1mF = 10^3 \mu F; 1\mu F = 10^3 nF; 1nF = 10^3 pF$$

最常用的单位是 μF 和 pF,它们之间换算关系是:

$$1F = 10^6 \mu F; 1\mu F = 10^6 pF$$

(2)电容器的分类、特性和作用。

① 电容器的分类。

电容器分类方法有多种,按照不同的分法可以分为不同的种类。常见分类方法有:

a. 按容量能否改变,可分为固定电容器、可变电容器(含微调电容器)。

b. 按电极是否有正负极性,可分为无极性电容器、有极性电容器。通常电解电容器是有极性的,其正负极通常有明显的标志。更换该类型元件时,应注意正负极性不能接错,否则会导致元件性能下降或损坏。

c. 按电极是否有引线,可分为插装电容器、贴片电容器。如汽车电脑板中的电容器绝大部分是贴片电容器。

d. 按制造材料不同,可分为电解电容器、瓷片电容器、涤纶电容器、云母电容器、纸介电容器等。其中电解电容器、瓷片电容器、涤纶电容器在电路中最为常见。

常见电容器实物如图 8-2 所示。

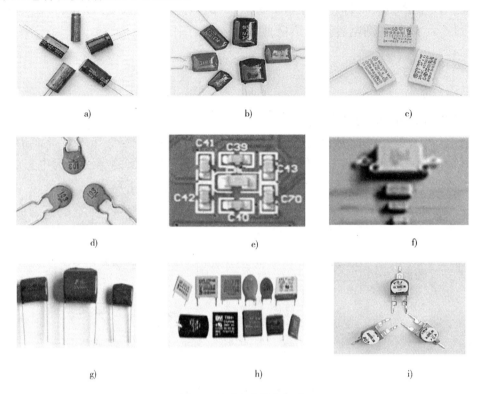

图 8-2　各种电容器实物图

a)电解电容器;b)涤纶电容器;c)金属化纸介电容器;d)瓷片电容器;e)贴片电容器;f)云母电容器;g)聚丙烯电容器;h)其他常见电容器;i)可变电容器

② 电容器的特性和作用。

a. 特性:电容器最基本的特性就是能够储存电荷。

电容器接通电源时,两极板间就会积聚电荷、建立电场、形成电压,是一种储能元件。

b. 作用:具有充电与放电作用以及通交流电隔直流电作用。

2. 电容器标称容量、额定电压、允许误差的识读

(1)标称容量的识读。

标称容量就是标注在电容器成品上的电容量,也可简称容量,它是指电容器储存电荷的能力。常见电容量表示方法及含义如表 8-1 所示。

(2)额定电压的识读。

电容器的额定电压(俗称:耐压),是指电容器长时间工作时所能承受的最高电压。

① 通常电容器的额定电压一般用数字和单位字母直接在产品上标注,如图 8-3 所示。

常见电容量表示方法及含义 表 8-1

序号	表示方法	含 义	举 例	图 例
1	直接标注法	用数字和单位符号直接标出电容量大小	1.2μF 100pF	a. 电容量 3300μF
2	文字符号表示法	用数字和字母有规律的组合来表示电容量。数字表示电容量的量值,字母表示小数点和单位	p5 — 0.5pF 5p — 5pF 4n7 — 4.7nF =4700pF 3m3 — 3.3mF =3300μF	b. 电容量 2n2=2.2nF=2200pF
3	纯数字表示法	①当数字有小数点时,数字表示电容量大小,单位为 μF	0.22 — 0.22μF 0.01 — 0.01μF	c. 电容量 0.15=0.15μF
		②当数字为非三位整数时,数字表示电容量大小,单位为 pF	10 — 10pF 6800 — 6800pF	d. 电容量 6800=6800pF
		③当数字为三位整数时,第三位数表示加 0 的个数,单位为 pF,如果是 9 则小数点向前移动一位	101 — 100pF 682 — 6800pF 273 — 27000pF 229 — 2.2pF	e. 电容量 474=470000pF=0.47μF

a)

b)

图 8-3 电容器额定电压实物标注示例
a) 额定电压 1600V;b) 额定电压 4kV=4000V

②部分小型电解电容器,额定电压可用色点表示法标注在其正极根部,颜色与额定电压的对应关系如表8-2所示。

颜色与额定电压的对应关系　　　　　表8-2

颜色	黑	棕	红	橙	黄	绿	蓝	紫	灰
额定电压(V)	4	6.3	10	16	25	32	42	50	63

③国外电容器的额定电压常用一位数字和一个字母组合表示。数字在前、字母在后,字母表示数值,数字表示10的幂指数,单位是V(伏),如表8-3所示。

额定电压数字与字母组合表示法　　　　　表8-3

数字＼字母	A	B	C	D	E	F	G	H	J	K	Z
0	1.0	1.25	1.6	2.0	2.5	3.15	4.0	5.0	6.3	8.0	9.0
1	10	12.5	16	20	25	31.5	40	50	63	80	90
2	100	125	160	200	250	315	400	500	630	800	900
3	1000	1250	1600	2000	2500	3150	4000	5000	6300	8000	9000
4	10000	12500	16000	20000	25000	31500	40000	50000	63000	80000	90000

例如:0J 表示 $6.3\times10^0=6.3V$;2E 表示 $2.5\times10^2=250V$,额定电压数字与字母组合表示法如图8-4所示。

(3)允许误差的识读。

允许误差(简称误差)是指电容器的标称容量与实际容量之间的偏差范围。误差范围可用百分数或字母、等级表示,它们对应关系如表8-4所示。

字母与允许误差的对应关系　　　　　表8-4

等级	01	02	Ⅰ	Ⅱ	Ⅲ
百分数表示(%)	±1	±2	±5	±10	±20
字母表示	F	G	J	K	M

误差的标注通常是紧跟在电容量后面,如图8-5所示。如 $100\mu F\pm10\%$ 表示电容量 $100\mu F$,误差 $\pm10\%$;102J 表示电容量 1000pF,误差 $\pm5\%$。需要说明的是电解电容器允许的误差比上述范围大,通常在 $-30\%\sim+50\%$ 之间。

3.电容量和额定电压的选用

选用电容器的原则是电容器的参数(性能指标)能满足电路的工作要求。严格来说,选用电容器应综合考虑电容量、额定电压、允许误差、绝缘电阻、介质损耗、频率特性等参数。但在维修实践中,除有严格要求的特殊电路外,通常只需合理选用电容量和额定电压两个参数就能满足电路要求。

(1)电容量的选用:更换电容器时,新电容器的电容量应等于或接近于原电容器的电容量。

(2)额定电压的选用:更换电容器时,新电容器的额定电压必须等于或大于原电容器的额定电压。

图 8-4　额定电压数字与字母组合表示法　　图 8-5　电容器允许误差实物标注示例

额定电压 2A = 1.0×10^2 = 100V(电容量 104 = 　(562J1600V——电容量 562 = 5600pF;误差 J =

100000pF = 0.1μF;误差 J = ±5%)　　　　　±5%;额定电压 1600V)

值得注意的是,电容器上标注的额定电压是指直流电压值,当电容器在交流电路中使用时,额定电压必须大于交流电压的最大值(峰值)。

更换电容时遵循的原则:

(1)电容量"等于或接近于"原则;

(2)额定电压"等于或大于"原则。

4. 电容器的串联和并联

(1)电容器的串联。

如图 8-6 所示,将两个或两个以上电容器依次连接,中间无分支的连接方式叫做电容器的串联。电容器串联后的效果相当于增加了两块金属极板之间的距离,因而总容量减小,并小于其中最小容量电容器的容量。总容量的倒数等于各电容量倒数之和,即:

$$1/C = 1/C_1 + 1/C_2 + \cdots + 1/C_n$$

如果是两个电容器串联,其总容量为:

$$C = C_1 C_2 / (C_1 + C_2)$$

如果 n 个相同容量的电容器串联,且容量都为 C,则总容量为:

$$C_总 = C/n$$

电容器串联后,各电容器两端的电压与其电容量成反比,即容量大的电压小,容量小的电压大,容量相等电压相等。因此,当不同容量的电容器串联使用时,应注意额定电压的选用。

电容器串联的应用:

①利用电容器串联获得小值电容。如需更换一个 10μF 电解电容,恰遇市场缺货,此时可购买两个 22μF 电解电容串联代替。

②利用电容器串联提高额定电压。如将两个容量相同的额定电压 25V 的电容器串联使用,其额定电压可提升为 50V。

(2)电容器的并联。

如图 8-7 所示,将两个或两个以上电容器接在相同两点之间的连接方式,叫做电容器的并联。

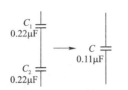
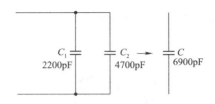

图 8-6 电容器的串联　　　　　图 8-7 电容器的并联

将电容器并联起来相当于加大了两块金属极板的面积,因此并联后的总电容量增大,并等于各个电容器的容量之和。用公式表示为:

$$C = C_1 + C_2 + \cdots + C_n$$

电容器并联时,每个电容器上所承受的电压相等,因此如果额定电压不相同的几只电容器并联,必须把其中最低的额定电压作为并联后的额定电压。

电容器并联的应用:利用电容器并联获得大值电容。

例如:需要一个电容量为 $470\mu F$ 的电容器,但是现有的电容器只有 $220\mu F$ 和 $22\mu F$ 的,这时候就可以用两个 $220\mu F$、一个 $22\mu F$ 共三个电容器并联代替。三个电容器并联后的总容量为:

$$C = C_1 + C_2 + C_3 = 220 + 220 + 22 = 462\mu F$$

$462\mu F$ 近似等于 $470\mu F$,在应急时此方法较为常用。

5. 电容器好坏检测和极性识别

(1)电容器好坏检测。

电容器好坏的检测可视情况选择数字万用表电容挡或电阻挡、蜂鸣器挡测量。由于部分仪表不一定有电容挡、蜂鸣器挡,下面主要介绍电阻挡的检测方法。

此方法适用于测量 $0.1\mu F$ 以上的电容器。测量前首先确保仪表校验合格,并用表笔短接电容器两电极进行放电,检测步骤如表 8-5 所示。

电阻挡检测方法　　　　　　　　　　　　　　　表 8-5

(1)检查仪表。黑表笔插入 COM 孔,红笔表插入 VΩmA 孔	(2)选择量程。将转换开关置于电阻挡合适量程

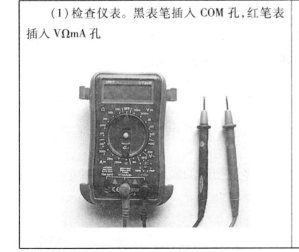
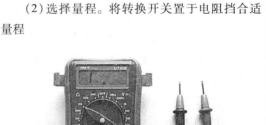

续上表

（3）将两表笔分别接触电容器两电极进行测量。为便于观察，可对调表笔或电容器电极测量2～3次	（4）根据显示屏数据变化情况判别电容器好坏
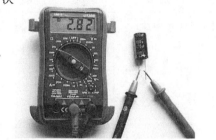	

若显示值从小开始逐渐增加直至显示溢出符号"1"，说明被测电容器是好的；若仪表始终显示"0"或接近"0"，说明被测电容器内部已经短路；若仪表始终显示溢出符号"1"，将量程往高一挡调整仍显示"1"，则说明被测电容器内部已经断路。

 用电阻挡检测时量程选择原则：
当电容量较小时宜选用高量程挡，而电容量较大时应选用低量程挡。

（2）电容器极性识别。

有一类电容器是有极性的，如电解电容器。电解电容器其正、负极性不允许接错，当极性接反时，可能因电解液的反向极化引起电解电容器的爆裂。因此，连接安装此类电容器，需要识别其正负极性。

如图8-8，电解电容器的正负极性在其产品上有明显的标记，通过外观容易识别。

①观察电容器外壳标志，标有"－"符号附近的电极为负极，另一电极为正极。

②观察电容器电极长度，引线短的电极为负极，引线长的电极为正极。

图8-8 电解电容器正负极性外观识别

1-负极标志；2-负极（短）；3-正极（长）

三、任务准备

（1）数字万用表。
（2）实习实验电路板或含有电容器的电视机、功放机等音视频线路板。
（3）不同电容量、额定电压和类型的电容器分立元件。
（4）清洁元件电极引线用的砂纸、小刀等。

四、任务实施

1. 电容器电容量、额定电压的识读

（1）观察实习实验电路板或音视频线路板，并借助电路板上的文字与图形符号外观认识电容器元件。

(2)识读电路板电容器或老师分发的实物电容器上的电容量和额定电压,要求每人识读5~10个,并填写表8-6。

电容器电容量和额定电压的识读　　　　　　　　　　　　表8-6

序号	类型			电容量		额定电压		同组学生检查	教师检查	备注
	固定或可变	有无极性	插装或贴片	产品标注	识读	产品标注	识读			
例	固定	无	插装	102	1000pF	2kV	2000V			
1										
2										
3										
…										
10										

识读学生:　　　　　　　　　　检查学生:　　　　　　　　　　检查教师:

2. 电容器检测

如果电容器容量达到0.1μF以上,可用数字万用表电阻挡检测其好坏。

(1)插表笔。检测前首先校验仪表,将被测电容两电极进行清洁处理并短接放电。

(2)选择量程。根据被测电容大小,将仪表转换开关置于电阻挡合适量程。

(3)测量。将仪表红、黑两表笔与被测电容器两电极相接进行测量,并注意观察测量数据变化情况。这一步骤最好调换表笔反复测量两到三次。

(4)读数与判别。根据仪表显示数据变化情况,判别电容器好坏。要求每人检测5~10个,并填写表8-7。

用数字万用表电阻挡检测电容器好坏　　　　　　　　　　表8-7

序号	标称容量	测量数据显示情况	好坏判别	同组学生检查	教师检查	备注
例	10μF	由小变大至溢出1(∞)	好			
1						
2						
3						
…						
10						

检测学生:　　　　　　　　　　检查学生:　　　　　　　　　　检查教师:

3. 电容器串联和并联电容量验证

(1)校验仪表,清洁电容器电极。

(2)分别测量拟串联或并联的各电容器容量,记录测量数据。

(3)将拟串联或并联的电容器进行串联或并联连接后测量其总容量,记录测量数据。

(4)填写记录表8-8。

注意:每项每次测量前必须进行电容器放电。

电容器串联和并联电容量验证　　　　　　　　　　　　　表8-8

序号	连接关系	电容个数	各电容器测量值	总容量测量值	总容量计算值	同组学生检查	教师检查	备注
例	并联	2	$C_1=95\text{pF}, C_2=225\text{pF}$	322pF	$95+225=320\text{pF}$			
1	串联							
2	并联							
结论	串联							
	并联							

测量学生：　　　　　　　检查学生：　　　　　　　检查教师：

五、任务评价

对本学习任务进行评价,学生技能考核评价表如表8-9所示。

学生技能考核评价表　　　　　　　　　　　　　　　　表8-9

考评项目	技术要求考评标准	分值	得分	备注
准备工作	准备实训项目中使用到的仪器仪表,做基本的清洁、保养及检查,酌情评分	5		
工量具使用	仪表使用正确	10		
	工量具摆放整齐	5		
	无丢失损坏	5		
识别标称容量	正确读取电容器容量	10		
	正确读取电容量单位	10		
	完成电容量识别任务	5		
电容器检测	正确选择万用表量程	5		
	进行电容器清洁、放电操作	5		
	正确检测电容器性能	10		
电容器检测	根据检测数据给出正确判断	10		
	完成检测任务	5		

续上表

考评项目	技术要求考评标准	分值	得分	备注
电容器连接	掌握电容器串联连接和并联连接	5		
	正确计算电容器串联和并联的总电容量	5		
整理工位	整理工量具,清洁工位	5		
总评(注:造成设备、工具人为损坏或人身伤害的,本学习任务计0分)				

六、学习拓展

1. 国产电容器的命名

根据国家标准GB/T 2470—1995《电子设备用固定电阻器、固定电容器型号命名方法》的规定,电容器产品型号一般由四部分组成:

第一部分:主称(用字母C表示电容器)。

第二部分:材料(用字母表示)。

第三部分:分类(用字母或数字表示)。

第四部分:序号(用数字表示)。

电容器产品型号组成部分及含义见表8-10。

国产电容器命名组成部分及含义 表8-10

第一部分:主称		第二部分:材料		第三部分:分类					第四部分:序号
					含 义				
字母	含义	字母	含义	数字字母	瓷介电容器	云母电容器	有机电容器	电解电容器	数字
C	电容器	A	钽电解质	1	圆形	非密封	非密封	箔式	用数字表示产品序号
		B	聚苯乙烯等有机薄膜	2	管形	非密封	非密封	箔式	
				3	叠片	密封	密封	烧结粉非固体	
		C	高频陶瓷	4	独石	密封	密封	烧结粉固体	
		D	铝电解质	5	穿心		穿心		
		E	其他材料电解质	6	支柱等				
				7				无极性	

续上表

第一部分:主称		第二部分:材料		第三部分:分类					第四部分:序号
字母	含义	字母	含义	数字字母	含义				数字
					瓷介电容器	云母电容器	有机电容器	电解电容器	
C	电容器	G	合金电解质	8	高压	高压	高压		用数字表示产品序号
		H	纸膜复合	9			特殊	特殊	
		I	玻璃釉	C	穿心式				
		J	金属化纸	D	低压型				
		L	涤纶等极性有机薄膜	G	高功率型				
				J	金属化型				
		N	铌电解质	S	独石型				
		O	玻璃膜	T	叠片式				
		Q	漆膜	W	微调型				
		T	低频陶瓷	X	小型				
		V	云母纸	Y	高压型				
		Y	云母						
		Z	纸介						

示例:CD16 表示箔式铝电解电容器,产品序号为 6;CTX2 表示小型低频陶瓷电容器,产品序号为 2。

电容器型号,习惯上只看前面两个字母符号。如 CY(云母电容器)、CZ(纸介电容器)、CC(高频瓷介电容器)。

2. 电容器标称容量和额定电压系列

(1)固定式电容器标称容量系列。

常用固定电容器标称容量系列如表 8-11 所示,标称容量为表中数值乘以 10^n,n 为正整数或 0 或负整数。

(2)固定式电容器额定电压系列。

固定式电容器额定电压系列如表 8-12 所示,数值前有△者建议优先使用,有 * 者只限电解电容器使用。

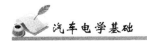

常用固定电容器标称容量系列 表8-11

允许误差			允许误差		
±5%	±10%	±20%	±5%	±10%	±20%
E24	E12	E6	E24	E12	E6
1.0	1.0	1.0	3.3	3.3	3.3
1.1			3.6		
1.2	1.2		3.9	3.9	
1.3			4.3		
1.5	1.5	1.5	4.7	4.7	4.7
1.6			5.1		
1.8	1.8		5.6	5.6	
2.0			6.2		
2.2	2.2	2.2	6.8	6.8	6.8
2.4			7.5		
2.7	2.7		8.2	8.2	
3.0			9.1		

固定式电容器额定电压系列(单位:V) 表8-12

		△6.3	△10	△16
△25	*32	△40	*50	△63
△100	*125	△160	△250	*300
△400	*450	500	△630	△1000
△1600	2000	△2500	3000	△4000
5000	△6300	8000	△10000	15000
20000	△25000	30000	35000	△40000
45000	50000	60000	80000	△100000

学习任务9 二极管的识别与检测

情景描述

小李同学的手机无法正常使用充电器充电,充电时有烧焦气味。打开充电器后盖发现有元件烫手,有几个元件表面发黑。小李判断是充电器元件损坏导致无法正常使用,需要进行维修。

学习目标

知识目标

1. 了解晶体二极管的原理及分类;
2. 掌握二极管的特性及主要参数;
3. 掌握整流滤波电路的工作原理及应用。

技能目标

1. 会识别常用二极管的型号及极性;
2. 会用数字万用表检测二极管的极性和性能;
3. 培养团队协作精神,激发学习电子技术课的学习兴趣。

学习内容

1. 二极管的工作原理及分类;
2. 二极管的特性及主要参数;
3. 几种常用二极管的工作原理及应用;
4. 识别二极管的型号及极性;
5. 用数字万用表检测二极管。

建议课时

8课时

学习过程

一、任务要求

了解充电器电路的基本工作原理,识别并检测充电器内的主要元件,为已损坏的元件找到合适的配件进行更换,尝试修复充电器。

二、资料收集

1. 杂质半导体的概念

在本征半导体中掺入某些微量杂质元素后的半导体称为杂质半导体。根据掺入不同的杂质元素,可分为 N 型半导体和 P 型半导体,N 型和 P 型半导体之间的特殊薄层叫做 PN 结。

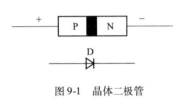

图9-1 晶体二极管

2. 晶体二极管

晶体二极管,简称二极管(diode)。是由一个 PN 结引出两个电极,封上外壳而做成的半导体器件,如图9-1 所示。根据制作材料的不同,可分为硅(Si)二极管和锗(Ge)二极管。

3. 二极管的结构

半导体二极管按结构分为点接触型和面接触型,如图9-2 所示。

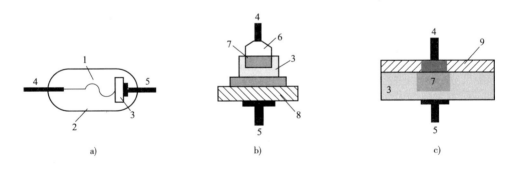

图9-2 二极管结构
a)点接触型;b)面接触型;c)硅平面工艺型
1-金属触丝;2-外壳;3-N 型锗;4-正极引线;5-负极引线;6-铝合金小球;7-P 型硅;8-底座;9-SiO₂

4. 二极管的型号

国家标准对半导体器件型号的命名举例如下:

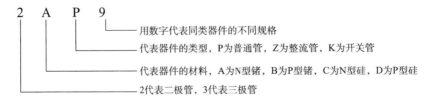

5. 二极管特性

当给二极管加上外接电源时,称为给二极管加上了偏置电压。偏置有两种:正向偏置和反向偏置。二极管偏置状态及理想的等效模型如图9-3所示。

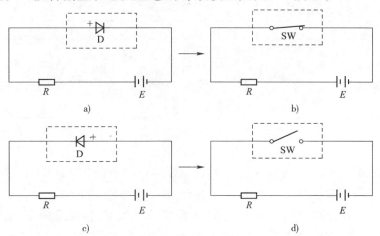

图9-3 二极管偏置及等效模型
a)正向偏置;b)正向偏置等效模型;c)反向偏置;d)反向偏置等效模型

6. 二极管导通条件(表9-1)

二极管导通条件 表9-1

材　　料	开启电压(V)	导通电压(V)	反向饱和电流
硅(Si)	0.5	0.5~0.8	1μA以下
锗(Ge)	0.2	0.2~0.3	数十μA

(1)正向导通。

二极管的正负极电压差达到开启电压时,二极管导通,此时二极管相当于接通,电流方向是从正极流向负极。

(2)反向截止。

二极管正负极电压差小于开启电压或二极管反向偏置时,二极管处于截止状态,此时相当于开路。二极管中就没有电流,当反向偏置电压达到一定值时,二极管被击穿。

7. 几种常用晶体二极管

根据用途的不同二极管可分为整流二极管、稳压二极管、发光二极管、光电(光敏)二极管、开关二极管、快恢复二极管以及检波二极管。几种常见晶体二极管实物如图9-4所示,二极管的电路符号如表9-2所示。

二极管电路符号 表9-2

类　型	电路符号	类　型	电路符号
普通二极管	▶︎⊢	稳压二极管	▶︎⊦
发光二极管	▶︎⊦	光电二极管	▶︎⊦

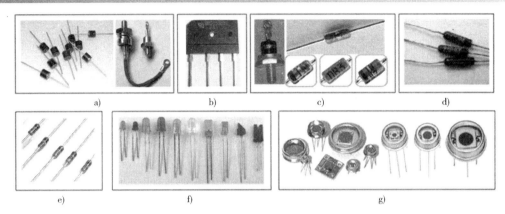

图 9-4 二极管实物图

a)整流二极管;b)整流桥;c)稳压二极管;d)检波二极管;e)开关二极管;f)发光二极管;g)光电二极管

(1)整流二极管。

利用二极管单向导电性,可以把方向交替变化的交流电变换成单一方向的脉动直流电,这个过程称为"整流"。目前在国内外普遍使用的塑封硅整流管型号有 lN4001 – 1N4007(1A)、1N5391 – 1N5398(1.5A)、1N5400 – 1N5408(3A)。在二极管的整流电路中,将四个整流二极管按全波桥式整流电路的形式连接并封装成一体,就构成了全波桥式整流组件(简称全桥)。

整流二极管的特点是允许通过的电流比较大,反向击穿电压比较高,一般广泛应用于处理频率不高的电路中。

(2)稳压二极管。

稳压二极管又叫齐纳二极管,是应用在反向击穿区的特殊二极管。正常工作时,稳压二极管是反向偏置的,稳压管的导通电压(击穿电压)值就是它的稳定电压值。利用这个特性可以保持电路中电压的稳定,常被作为稳压器或电压基准元件来使用。

(3)发光二极管。

发光二极管是一种可以直接把电转化为光的特殊二极管,通常称为 LED。根据在 PN 结中所掺加的材料及杂质浓度不同,LED 能发出特定颜色的光,包括红、绿、黄、橘、蓝、白及红外光线等。发光二极管具有响应速度快、发光亮度高、单色性好、功耗低、寿命长、体积小、抗震动、抗冲击性能好、使用灵活、容易与数字集成电路匹配等特点。它们被广泛应用于状态指示、信息显示、装饰、照明等领域。

(4)光电二极管。

光电二极管(又叫光敏二极管),工作于反向偏置下,它的反向电流随光照强度的增加而上升(反向电流与光照度成正比)。无光照射时,二极管的反向电流(暗电流)很小;有光照射时,二极管的反向电流(光电流)将随光照强度增大而增加。光电二极管被广泛应用于制造光敏传感器、光电控制器及光电转换器等。

(5)二极管应用举例。

①半波整流。

用一只二极管构成半波整流,利用交流电的半个周期电压。从图 9-5 中可以看出 D 起到整流的作用,在交流电的正半周期导通,负半周期截止,将交流电整流成为脉动直流电;然后经过 C 滤波,D 导通时 C 充电,D 截止时 C 放电,最终输出的电压为接近平滑的直流电。

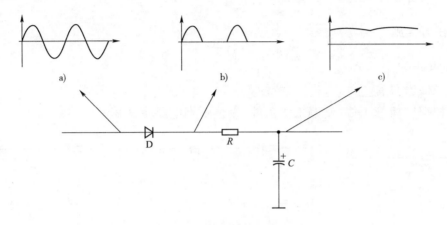

图 9-5 半波整流电路分析

a)整流前的交流电;b)整流后;c)整流滤波后

②桥式整流。

如图 9-6 所示,用四个二极管构成桥式整流。全波整流在交流电的正负两个周期时都有两个二极管导通将电压输出,这样经过整流后的波形等于是把负半周的电压都转成正的,再经过 C 滤波成为平滑的直流电。

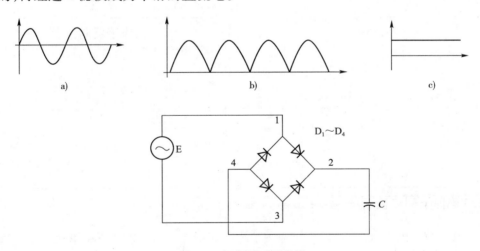

图 9-6 全波整流电路分析

a)整流前的交流电;b)整流后;c)整流滤波后

③稳压电路。

图 9-7 中 ZD_1 是稳压二极管,稳压值是 5V(即导通电压是 5V),流经 R 的 8V 电压达到导通条件,此时 ZD_1 是导通状态。输出端的电压稳定在 5V,剩下的 3V 加在 R 两端,起到保护作用。

三、任务准备

整流二极管、金属整流二极管、稳压二极管、贴片稳压二极管、检波二极管、发光二极管、光电二极管、万用表。

四、任务实施

1. 知识储备

(1)二极管具有_____特性。

(2)根据二极管正偏、反偏工作条件,完善下列电路图9-8。

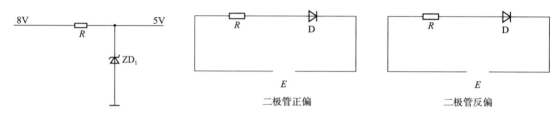

图9-7　稳压电路　　　　　　　　　　图9-8　完成电路图

(3)二极管正向偏置时,呈现电阻_____;二极管反向偏置时,呈现电阻_____。

(4)将下列二极管填入相应的工作条件框图中。

普通二极管、稳压二极管、LED、光电二极管、整流二极管

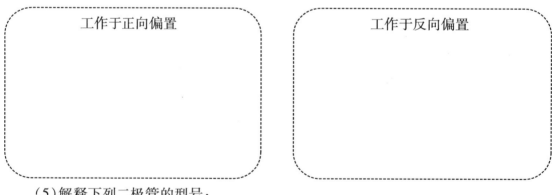

(5)解释下列二极管的型号:

(6)将二极管与相应的电路符号进行连线。

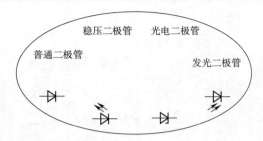

（7）在图9-9中画出电路的电流走向。

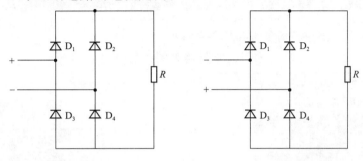

图9-9　画出电路的电流走向

2. 实训操作

（1）二极管的极性判断。

①从外观标识来判断。

一般来讲，二极管会有一些特殊的标示方法用以区分正负极性，通过目测的方法，可直接判断出二极管的极性，通常有以下几种情况，如表9-3所示。

二极管极性判断　　　　　　　　　　　　　　　表9-3

(1) 外壳符号标记：三角形指向的那端为二极管负极	(2) 色环标记：有色环的一端为二极管负极
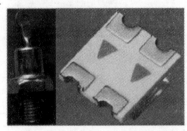	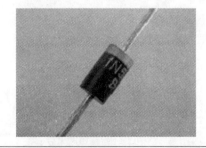
(3) 色点标记：标有色点（白色或红色）的一端为正极（少数二极管，如2AP9、2AP10等除外）	(4) 外观结构：引脚短的那端为负极；电极较大的那端为负极
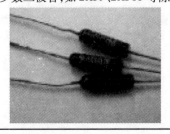	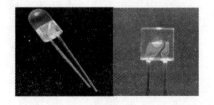

续上表

(5)PCB 基板上的标记:宽边侧标示二极管的负极
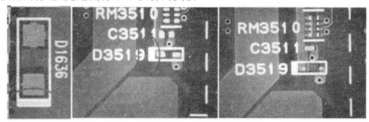

②用数字万用表来判别极性如表9-4所示。

用数字万用表判别极性　　　　　　　　　　表9-4

(1)万用表拨至二极管/蜂鸣挡位	(2)红、黑表笔随机接二极管两个引脚

(3)若屏幕显示为"1",红表笔所接端子为负极	(4)若屏幕显示为100~800数值,红表笔所接端子为正极

(5)识别 A1 板中二极管的类别,判断二极管的极性,记录正极端子符号,完成表9-5

二极管极性记录表　　　　　　　　　　表9-5

序号	二极管类型	观察法	检测法
1			
2			
3			
4			

（2）二极管性能的检测。

根据二极管的工作特性及参数,利用数字万用表可以快速地检测二极管的性能。

①检测二极管的正向导通电压值,如表9-6所示。

检测二极管的正向导通电压值　　　　　　　　　　　　　表9-6

（1）万用表拨至200Ω挡位,进行校表	（2）万用表拨至二极管/蜂鸣挡位

（3）红、黑表笔分别接二极管正、负极,测量正向导通电压	（4）红、黑表笔分别接二极管负、正极,测量反向截止电压

（5）对照表9-7,判断二极管性能

二极管检测参数值（导通电压值）　　　　　　　　　　　表9-7

正向导通电压(mV)	反向截止电压	二极管好坏
100~800	∞	好
0	0	短路损坏
∞	∞	开路损坏
正反向电压比较接近		二极管质量不佳

②测量二极管的正向电阻值和反向电阻值,如表9-8所示。

测量二极管的正向电阻值和反向电阻值   表 9-8

（1）万用表拨至 200Ω 挡位，进行校表	（2）万用表拨至 2000Ω 挡位
	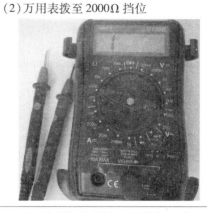
（3）红、黑表笔分别接二极管正、负极，测量正向电阻值	（4）红、黑表笔分别接二极管负、正极，测量反向电阻值

（5）对照表项目 9-9，判断二极管性能	
（6）用数字万用表检测 A2 板上二极管性能，完成表格 9-10	

二极管检测参数值（正反向电阻）   表 9-9

正向电阻	反向电阻	二极管好坏
较小（几十欧~几千欧）	较大（几百千欧）	好
0	0	短路损坏
∞	∞	开路损坏
正、反向电阻比较接近		二极管质量不佳

二极管性能检测记录表   表 9-10

项目	数据 / 二极管类型	整流二极管	发光二极管	稳压二极管
蜂鸣二极管挡	正向导通电压(mV)			
	反向截止电压(mV)			

续上表

项目 \ 数据 \ 二极管类型		整流二极管	发光二极管	稳压二极管
2000Ω 电阻挡	正向电阻（Ω）			
	反向电阻（Ω）			
结论				

注意：在测量二极管时，不要用手同时接触两个引脚或表笔，以免因人体的电阻值影响测量的准确度。

五、任务评价

对本学习任务进行评价，学生技能考核评价表如表9-11所示。

学生技能考核评价表　　　　　　　　　　　　　　　表9-11

考评项目	技术要求考评标准	分值	得分	备注
准备工作	准备实训项目中使用的仪器仪表，做基本的清洁、保养及检查，酌情评分	10		
识别二极管	正确分辨二极管种类	5		
	正确识别二极管型号	5		
分析整流滤波电路工作原理	正确叙述二极管特性及整流、滤波工作原理	5		
	正确分析电路中电流的走向，电路实现的功能	5		
目测二极管极性	正确识别有标记二极管的极性	5		
	正确识别有色环二极管极性	5		
	正确识别有色点二极管极性	5		
	正确识别发光二极管极性	5		
	正确识别PCB封装中二极管的极性	5		
检测二极管极性	正确选择万用表挡位	5		
	测量手法	5		
	根据显示数值得出结论	10		
检测二极管性能	万用表挡位选择	5		
	测量手法	5		
	判断依据结论	10		
整理工位	整理工量具，清洁工位	5		
总评（注：造成设备、工具人为损坏或人身伤害，本学习任务计0分）				

六、学习拓展

二极管在汽车上的应用

1. 二极管的整流电路

将交流电变成直流电的过程叫做整流。在汽车交流发电机中,就是利用二极管组成的整流板将发电机发出的三相交流电整流为直流电。为了适应汽车发电机的需要,专门制作了用于汽车的整流二极管,它们分为正极管和负极管。如图9-10所示。

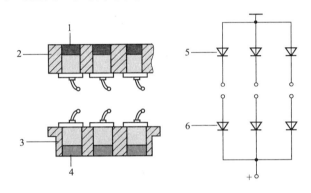

图9-10 汽车交流发电机整流二极管的安装示意图

1-负极管(黑色标记);2-后端盖;3-元件板;4-正极管;5-负极管;6-正极管

三个正极管和三个负极管构成的整流电路称为三相桥式整流电路,将发电机的交流电变为12V的直流电。整流电路如图9-11所示。

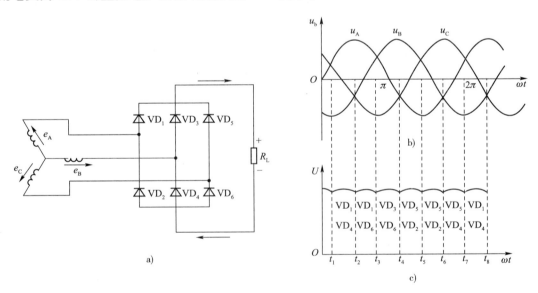

图9-11 汽车交流发电机的整流电路和电压波形

a)整流电路图;b)三相交流电波形;c)整流后负载上的波形

2. 二极管的续流电路

一个通电的线圈,当对其突然断电时,就会在线圈中产生一个反向电动势,如果这个反向电动势叠加在电路中的其他电子元件上(一般为三极管)就会引起元件的损坏。为了避免这种现象的出现,一般都在线圈旁边并联一个二极管来吸收反向电动势,这种电路就是二极管的续流电路(图9-12)。在这种电路中,二极管起到了对其他电子元件的保护作用,所以也称为保护二极管。

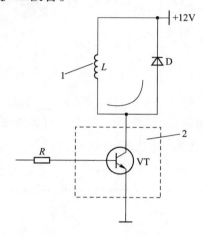

图9-12　二极管续流电路
1-线圈;2-起开关作用的三极管

学习任务10　三极管的识别与检测

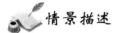情景描述

一辆比亚迪 F3 轿车无法起动,送修理厂报修。经班组长的检验发现点火模块异常,就车测量点火模块输入信号正常,但无信号输出,需对开关三极管进行拆卸检查,寻找故障原因。

学习目标

★ 知识目标

1. 了解晶体三极管的结构、符号和分类;
2. 理解晶体三极管电流放大和开关作用的工作原理;
3. 掌握晶体三极管的极性判别和好坏检测;
4. 了解晶体三极管的主要参数、命名方法以及在汽车电路中的应用。

★ 技能目标

1. 会通过外观识别常见晶体三极管的极性;
2. 能熟练使用数字万用表判别晶体三极管的类型、极性和好坏。

学习内容

1. 晶体三极管的结构、符号及类型;
2. 晶体三极管的电流分配和电路条件;
3. 晶体三极管的放大原理和开关作用;
4. 晶体三极管的简易判别;
5. 晶体三极管的主要参数;
6. 晶体三极管在汽车电路中的应用。

建议课时

6 课时

 **学习过程**

一、任务要求

理解晶体三极管的放大原理和开关作用;用数字万用表测量、判别常见晶体三极管的类型、材料、极性和好坏。

二、资料收集

1. 晶体三极管的结构、符号及类型

晶体三极管,简称三极管或晶体管。是电子电路的核心元件,在电路中主要起电流放大或开关作用。常用三极管的外形如图 10-1 所示。

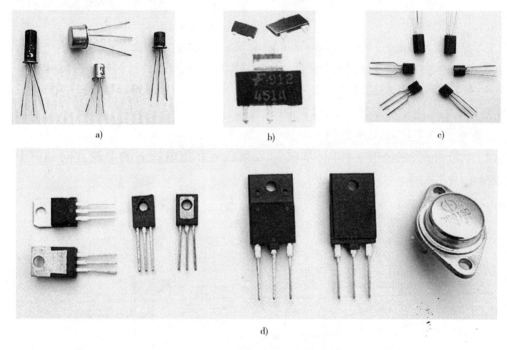

图 10-1 部分三极管外形图

a)金属封装小功率三极管;b)贴片三极管;c)塑料封装小功率三极管;d)中、大功率三极管

三极管有两个 PN 结、三个区和三个电极。中间为基区,两边分别为发射区和集电区。从三个区引出的电极分别称为基极 b、发射极 e 和集电极 c。在三个区的交界处形成了两个 PN 结,发射区与基区分界处的 PN 结称为发射结;集电区与基区分界处的 PN 结称为集电结。三极管有 NPN 型和 PNP 型两种类型,三极管的结构、等效电路和图形符号如图 10-2 所示。

三极管的分类方法有多种,通常是按 PN 结的结构、基片材料、工作频率和功率大小来分类。

(1)按结构分:分为 NPN 型和 PNP 型两种类型。图形符号中箭头向外的是 NPN 型;

箭头向里的是PNP型。箭头方向表示三极管正常工作时的电流方向。

(2)按材料分:分为硅管和锗管两大类。硅管PN结正偏导通电压约为0.7V,锗管约为0.3V。

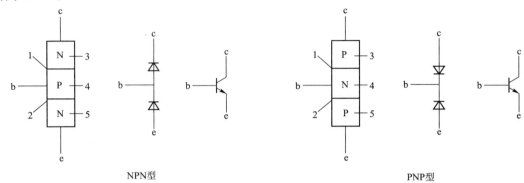

图10-2 晶体三极管结构、等效电路和图形符号

1-集电结;2-发射结;3-集电区;4-基区;5-发射区;b-基极;c-集电极;e-发射极

(3)按频率分:有高频管和低频管。$f_T>3MHz$为高频管,$f_T<3MHz$为低频管。

(4)按功率分:有小功率管、中功率管和大功率管。$P_C<0.5W$为小功率管,P_C在0.5W~1W之间为中功率管,$P_C>1W$为大功率管。

2.晶体三极管的电流分配和电路条件

(1)电流分配:三极管工作时,基极b、发射极e和集电极c的电流方向如图10-3所示,数量上满足关系。

$$I_e = I_b + I_c$$

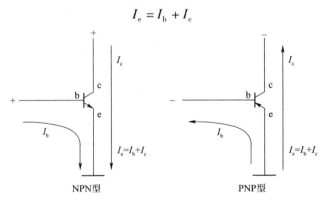

图10-3 三极管各电极的电流方向及数量关系

当三极管工作在放大状态时,$I_c = \beta I_b$,β称为三极管的电流放大系数,β值主要由制造工艺决定,通常在20~500之间。β值太小,电流放大作用差;β值太大,会使三极管工作不稳定。

(2)电路条件:要使三极管正常工作,除了制造时要在结构上满足基区做得薄、基区掺杂浓度低、发射区掺杂浓度高、集电区面积大等内部条件外,还必须满足一定的外部条件,也就是电路条件。

三极管有截止、放大、饱和三种工作状态,三种状态的电路条件和工作特征见表10-1。

三极管工作状态分析 表10-1

工作状态	电路条件	工作特征
截止	发射结小于导通电压或反偏,集电结反偏	U_{be}小于导通电压,三极管不导通。$I_b=0,I_c=I_{ceo}\approx 0,U_{ce}\approx U_{cc}$(电源电压)
放大	发射结正偏,集电结反偏	U_{be}正向压降等于导通电压(硅管约0.7V,锗管约0.3V),I_b微小变化会引起I_c较大变化。$I_c=\beta I_b$,$U_{ce}>1$V
饱和	发射结正偏,集电结正偏	$U_{ce}<1$V(深度饱和时,硅管约为0.3V,锗管约为0.1V),I_c较大但不跟随I_b变化,$I_c<\beta I_b$

3.晶体三极管的放大原理和开关作用

(1)放大原理。

三极管在内部结构上已具备电流放大功能,当其外部满足一定条件即发射结正偏、集电结反偏的电路条件时,就能起电流放大作用。

三极管放大作用的原理是:当基极电流I_b变化时,集电极电流I_c跟随变化,而且基极电流I_b的微小变化,会引起集电极电流I_c的较大变化。它们始终满足$I_c=\beta I_b$的关系,这就是三极管的电流放大作用。

需要明确的是,三极管的放大作用仅是一种形象表述。能量是不能被放大的,能量大小全由电源提供。三极管只是起到了以小控大、以弱控强的作用。

利用三极管的电流放大作用,可以实现电压信号和功率信号的放大。图10-4是一个基本的共射极低频电压放大器。只要电路条件能使三极管工作在放大区,且静态工作点设置合理,则输入信号电压u_i的变化将引起输出信号电压u_0的较大变化,说明放大器对输入信号电压u_i进行了放大。

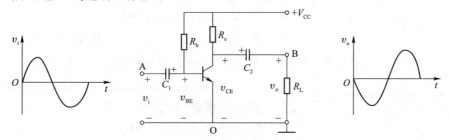

图10-4 共射极基本放大器对正弦信号的放大

由于集电极电流i_C流过集电极电阻R_c时会产生压降,所以当i_C增大时u_{CE}反而减小,u_0随之减小;反之则增大,所以输出信号电压u_0与输入信号电压u_i相位相反。

(2)开关作用。

根据三极管的工作特征可知,当三极管处于截止或饱和两种状态时,具有输出回路的关断或接通作用,即开关作用。

三极管开关电路参见图10-5。开关电路接成共射极电路,R_b、R_c分别为基极和集电极限流电阻,D为指示灯。

① 当输入端电压$V_{BB} \leq 0$,即发射结反偏时,三极管处于截止状态。基极电流$I_b = 0$,集电极电流$I_c \approx 0$,三极管不导通,指示灯D不亮。此时三极管的c极与e极间如同开关K断路,如图10-5a)所示。

② 当输入端加上电压$+V_{BB}$,使基极电位U_b大于发射结导通电压,且高于集电极电位U_c,三极管进入饱和状态。此时集电极c与发射极e之间的电压U_{ce}很小(硅管约0.3V,锗管约0.1V)近似于短路,三极管c极与e极间如同开关K接通,指示灯D点亮,如图10-5b)所示。

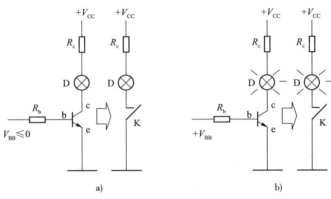

图10-5 三极管开关电路
a)截止状态ce间如同断路;b)饱和状态ce间如同通路

因此,只要控制输入回路的电压就能控制输出回路的导通或截止,这就是三极管的开关作用。

如果将与集电极连接的指示灯D换成继电器或接触器线圈,利用继电器或接触器线圈驱动电流小、触点荷载能力强等特点,便可以实现以小控大,以弱控强的作用。

图10-6电路是利用三极管的开关作用控制继电器线圈回路的通断,进而控制继电器触点通断的电路,继电器线圈可串接于集电极c与R_c之间,也可串接于发射极e与接地线之间。

三极管开关具有下列优点:

a. 动作(通断)速度快。

b. 控制电感性负载时,不会有火花产生。

c. 是无触点开关,使用寿命长。

4. 晶体三极管的简易判别

(1)外观识别。

① 类型的外观识别。

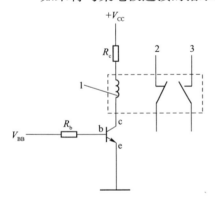

图10-6 利用三极管的开关作用控制继电器触点的通断

1-继电器线圈;2-继电器常闭(动断)触点;
3-继电器常开(动合)触点;虚线框部分-继电器

通过三极管外壳上的型号标注,可以识别三极管的类型。国产晶体管型号由五部分组成,如图 10-7 所示,实物示例参见图 10-8。只要观察型号的第二、第三部分就可识别其类型。

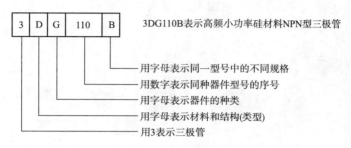

图 10-7 国产三极管的型号命名规则

第二部分:A——锗材料 PNP 型;B——锗材料 NPN 型;
C——硅材料 PNP 型;D——硅材料 NPN 型。

第三部分:X——低频小功率;D——低频大功率;
G——高频小功率;A——高频大功率;
K——开关管。

型号 3DD15D 前三部分的含义:

第一部分:3——三极管;

第二部分:D——硅材料 NPN 型;

第三部分:D——低频大功率。

即为低频大功率硅材料 NPN 型三极管。

图 10-8 国产三极管型号识别示例

此外在电子小制作中,目前较流行的 90×× 系列小功率三极管(如韩国 9011～9018 系列),除 9012 和 9015 为 PNP 管外其余均为 NPN 型管。

②管脚极性的外观识别。

三极管的管脚排列,主要有"品"字形排列和"一"字形排列两种方式。常见的管脚极性排列规律如图 10-9 所示。

三极管的型号不同,其外形和极性排列不一定相同,外观识别也不一定准确,需要查阅晶体管手册或通过仪表检测加以验证。

(2)仪表判别。

下面以数字万用表检测为例,介绍三极管的简易判别。

①类型和基极 b 的判别。

由三极管的结构和等效电路可知,三极管的两个 PN 结相当两个二极管,利用二极管单向导通的特性可判别其类型和基极。对于 NPN 型三极管其基极是两个二极管公共正极;同理,PNP 型三极管其基极是两个二极管公共负极。测量方法如下:

a. 插表笔。将数字万用表黑表笔插入 COM 插孔,红表笔插入 VΩmA 插孔。

b. 选择转换开关。将数字万用表转换开关置于二极管(⟶⊦)挡。

c. 测量。假设被测三极管为 NPN 型管,用红表笔(内接电源正极)任意接其中一个电极,黑表笔(内接电源负极)分别接另外两个电极进行测量。

d. 读数与判别。如果两次测量仪表均导通且显示数值近似相等(一般为 0.2~0.8V 或 200~800mV),则红表笔所接的电极就是基极且该管属于 NPN 型管。

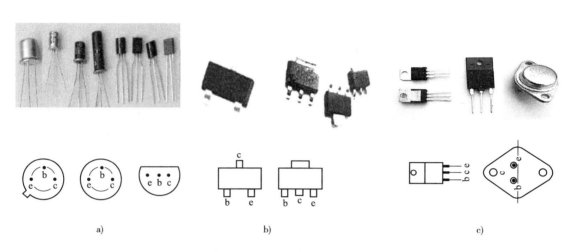

a)　　　　　　　　　b)　　　　　　　　　c)

图 10-9　常见三极管外形及极性的外观识别

a)小功率三极管;b)贴片三极管;c)中、大功率三极管

注:当两次测量不满足这一关系时,红表笔换接另一电极重新测量,如果红表笔连续接三个电极仍找不到基极,则该三极管不是 NPN 型管而是 PNP 型管。PNP 型管测量方法与上述相似,仅是步骤 c. 测量时用黑表笔接假设的基极,红表笔分别接另外两个电极。

下面以测量 NPN 型管为例,介绍三极管类型和基极的测量方法如表 10-2 所示。为观察和理解方便,图中用三极管等效电路代替三极管实物。

三极管类型和基极的测量方法　　　　表 10-2

(1)插表笔。将数字万用表黑表笔插入 COM 插孔,红表笔插入 VΩmA 插孔	(2)选择转换开关。将转换开关置于二极管(⟶⊳⊢)挡

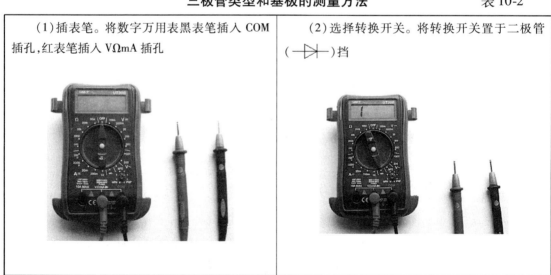

续上表

(3)用红表笔接假设的基极 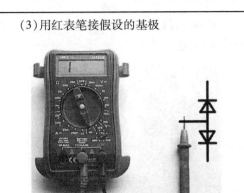	(4)黑表笔接其余两电极的任一电极,仪表显示数值655mV 
(5)红表笔固定不变,黑表笔换接另一电极,仪表显示数值680mV 	(6)读数与判别。两次测量均导通且读数近似相等,可判定红表笔所接的电极就是基极b,且属于NPN型三极管 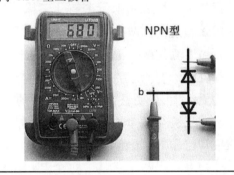

②硅管和锗管的判别。

在上述基极的判别中,如果仪表显示值在0.5~0.8V(即500~800mV)之间,则该三极管为硅材料三极管;如果仪表显示值在0.2~0.5V(即200~500mV)之间,则该三极管为锗材料三极管。

③集电极c和发射极e的判别。

用数字万用表二极管(—▷|—)挡判别三极管的类型和基极后,将转换开关置于三极管直流放大系数(h_{FE})挡。在仪表面板上有6个(或8个)测量三极管直流放大系数的插孔,其中3个(或4个)是NPN型插孔,另外3个(或4个)是PNP型插孔。4个插孔时,e孔有两个,可任意使用其中一个。

如果被测三极管是NPN型,就将基极插入NPN型b孔,其余2个电极分别插入c孔和e孔。测量时基极b固定b孔不变,另外两个电极互换插孔测量两次,以显示值大的一次为准,插入c孔的电极是集电极c,插入e孔的电极是发射极e。

如果被测三极管是PNP型,则插入PNP型插孔,方法与NPN型相同。

下面介绍NPN型三极管集电极和发射极的判别方法如表10-3所示,PNP型管测量方法以此类推。

MPN 型三极管集电极和发射极的判别方法	表 10-3
（1）测得数值小，说明三极管电极（c、e）与仪表插孔（c、e）连接错误 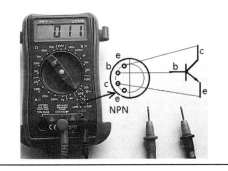	（2）测得数值大，说明三极管电极（c、e）与仪表插孔（c、e）连接正确 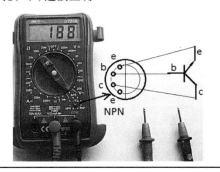

④好坏的判别。

三极管的好坏可通过检查其两个 PN 结是否正常来判别。

将数字万用表转换开关置于二极管（ ）挡，分别测量三极管发射结和集电结的正向压降和反向压降。

a. 如果测得两个 PN 结的正向压降近似相等且在 0.2~0.8V（即 200~800mV）之间，反向压降均为无穷大（显示溢出符号"1"），并且集电极 c 和发射极 e 之间的双向压降也为无穷大，说明被测三极管是好的。

b. 如果测得两个或其中一个 PN 结正向压降和反向压降均为零或几乎为零，说明被测三极管已击穿（短路）损坏。

c. 如果测得两个或其中一个 PN 结正向压降和反向压降均为无穷大（显示溢出符号"1"），说明被测三极管已开路（断路）损坏。

三、任务准备

（1）数字万用表。

（2）实习实验电路板或含有晶体三极管分立元件的电视机、功放机等音视频线路板。

（3）不同型号和类型的晶体三极管分立元件。

（4）清洁元件电极引线用的砂纸、小刀等。

四、任务实施

1. 晶体三极管的外观识别

（1）观察实习实验电路板或音视频电路板，并借助电路板上的文字与图形符号外观认识三极管元件。

（2）识读电路板三极管或老师分发的实物三极管上的型号含义，要求每人识读 5~10 种，并填写表 10-4。

国产三极管型号含义的识读　　表 10-4

序号	三极管型号	材料 （硅/锗）	结构 （NPN/PNP）	种类	同组学生 检查	教师检查	备注
例	3DX5A	硅材料	NPN	低频小功率 三极管			
1							
2							
3							
…							
10							
检测学生：			检查学生：		检查教师：		

2．用数字万用表判别晶体三极管类型、材料和电极

测量前首先对数字万用表进行校验，合格后方可进行测量。如果元件引脚不干净或氧化，还需进行清洁处理。

（1）将数字万用表转换开关置于二极管（━▷┃━）挡，利用前面介绍的测量 PN 结正反向压降的方法判别三极管的基极、类型和材料。

（2）将数字万用表转换开关置于三极管直流放大系数（h_{FE}）挡，利用前面介绍的测量三极管直流放大系数（俗称：放大倍数）的方法判别三极管的集电极和发射极。

（3）要求每人检测 5～10 个，并根据测量情况填写记录表 10-5。

晶体三极管类型、材料和电极的判别　　表 10-5

序号	三极管型号	类型 （NPN/PNP）	材料 （硅/锗）	电极（画出 引脚极性 排列草图）	同组学生 检查	教师检查	备注
例	3AX31B	PNP	锗	⊙			
1							
2							
3							
…							
10							
检测学生：			检查学生：		检查教师：		

3．用数字万用表判别晶体三极管的好坏

测量前首先对数字万用表进行校验，合格后方可进行测量。如果元件引脚不干净或氧化，还需进行清洁处理。

（1）将数字万用表转换开关置于二极管（![diode]）挡，分别测量三极管基极与发射极之间（发射结）、基极与集电极之间（集电结）以及集电极与发射极之间的正反向压降。

（2）根据测量结果，判别三极管好坏，要求每人检测5~10个，并填写表10-6。

晶体三极管好坏的判别　　　　　　　　　　　　　表10-6

序号	三极管型号	发射结（好/击穿/开路）	集电结（好/击穿/开路）	集射之间（好/击穿/开路）	结论（好/坏）	同组学生检查	教师检查	备注
例	9013	击穿	好	好	坏			
1								
2								
3								
...								
10								

检测学生：　　　　　　　　检查学生：　　　　　　　　检查教师：

五、任务评价

对本学习任务进行评价，学生技能考核评价表如表10-7所示。

学生技能考核评价表　　　　　　　　　　　　　表10-7

考评项目	技术要求考评标准	分值	得分	备注
准备工作	准备实训项目中使用到的仪器仪表，做基本的清洁、保养及检查，酌情评分	5		
工量具使用	仪表使用正确	5		
	工量具摆放整齐	5		
	无丢失损坏	5		
外观识别	正确识读三极管型号	10		
	正确描述三极管型号主要部分含义	10		
类型及材料检测	正确判断三极管类型	10		
	正确判断三极管材料	10		
极性检测	正确分辨三极管极性	20		
性能检测	正确选择万用表挡位	5		
	正确掌握检测三极管步骤	5		
	正确判断三极管好坏	10		
总评（注：造成设备、工具人为损坏或人身伤害的，本学习任务计0分）				

六、学习拓展

1. 晶体三极管的主要参数

三极管的参数表示三极管的性能指标和使用范围,是衡量三极管优劣和选用三极管的依据。三极管的主要参数有:

(1)电流放大系数。

电流放大系数包括直流电流放大系数 h_{FE} 和交流电流放大系数 β。

直流电流放大系数 h_{FE} 是指三极管静态时,集电极的直流电流 I_C 与基极的直流电流 I_B 的比值;交流电流放大系数 β 是指三极管有交流信号输入时,集电极的电流变化量与基极的电流变化量的比值。直流电流放大系数 h_{FE} 与交流电流放大系数 β 近似相等,由于直流电流放大系数便于测量,所以常用 h_{FE} 的值代替 β 的值。

三极管电流放大系数反映其电流放大能力,通常 β 在 20~500。β 值太小,电流放大作用差;β 值太大,会使三极管工作不稳定。

(2)极间反向电流。

①集电极—基极反向饱和电流 I_{CBO} 是指发射极 e 开路,集电极 c 与基极 b 之间加上一定反向电压时的反向电流。I_{CBO} 受温度影响较大,在室温下小功率锗管的 I_{CBO} 约为几微安到几十微安;小功率硅管的 I_{CBO} 小于 1 微安。I_{CBO} 值越小工作稳定性越好。

②集电极—发射极反向饱和电流 I_{CEO} 是指基极 b 开路,集电极 c 与发射极 e 之间加上一定反向电压时的集电极电流。此电流从集电区穿过基区流至发射区,故又叫穿透电流。穿透电流 I_{CEO} 受温度影响也很大,硅管的 I_{CEO}(通常为几微安)比锗管(通常为几十至几百微安)小得多,所以硅管的热稳定性比锗管好。I_{CEO} 也是衡量三极管质量的一个指标,当三极管的穿透电流逐渐增大时,意味着其已开始进入过度使用期,必须更换。

(3)极限参数。

①集电极最大允许电流 I_{CM} 是指三极管的参数变化不超过允许值时集电极允许的最大电流。要求三极管工作时 I_C 应小于 I_{CM};如果 I_C 大于 I_{CM},β 值将明显下降,且容易损坏三极管。

②集电极最大允许耗散功率 P_{CM} 是指三极管的参数变化不超过允许值时集电极允许的最大功率。三极管工作时,加在集电极与发射极之间的电压 V_{CE} 和通过集电极的电流 I_C 的乘积不能超过 P_{CM}。P_{CM} 值与环境温度有关,温度越高 P_{CM} 值越小。

③集电极—发射极反向击穿电压 $V_{(BR)CEO}$ 是指基极 b 开路,集电极 c 与发射极 e 之间允许加上的最大反向电压。三极管使用时,若 V_{CEO} 大于 $V_{(BR)CEO}$,就会导致三极管击穿损坏,通常 $V_{(BR)CEO}$ 应大于电源电压 1.5~2 倍。

2. 晶体三极管在汽车电路中的应用

晶体三极管在现代汽车电路中有着广泛的应用,尤其是电子点火模块普遍运用了三极管开关作用的控制原理。图 10-10 是汽车电子点火系原理框图,图中三极管的导通或截止受控于点火信号传感器(又称点火信号发生器),而三极管的导通和截止又控制着点火线圈高电压的产生。其工作原理是：当发动机曲轴转动时，点火信号传感器会产生对应汽缸压缩终了的正时点火脉冲信号，此脉冲信号经电子点火模块的信号放大、波形整理、直流放大后，控制串联在点火线圈初级回路的大功率三极管的导通或截止。即三极管基极 b 获得导通信号（电压）时，三极管导通，否则截止。三极管导通时，点火线圈初级电流形成回路，点火线圈储存一定的磁场能；在三极管由导通转变为截止瞬间，点火线圈初级电流的骤然消失使得次级线圈感应出 20~25kV 的高电压；高压电按照点火顺序分配给发动机工作缸，使火花塞跳火点燃汽缸中的可燃混合气。

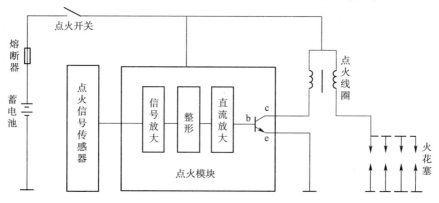

图 10-10　汽车电子点火系原理框图

学习任务 11　制作自励振荡电子闪光灯电路

情景描述

用两只三极管制作一个电子闪光灯,并用它驱动两只不同颜色的发光二极管(LED)。在制作完成时,我们能看到两只 LED 交替点亮。

学习目标

知识目标

1. 掌握元器件引脚成型方法和安装方式;
2. 熟悉电子产品的手工装配及检验工艺。

技能目标

1. 能熟练使用电烙铁进行电路焊接;
2. 能手工装配简单电路。

学习内容

1. 放大电路的工作原理及类型;
2. 焊接工具的使用;
3. 用电安全。

建议课时

6 课时

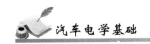

一、任务要求

按车间生产流程完成电子闪光器电路的装配、检验任务。

二、资料收集

1. 电路功能

两只 LED 交替点亮。

2. 电路原理图,如图 11-1 所示。

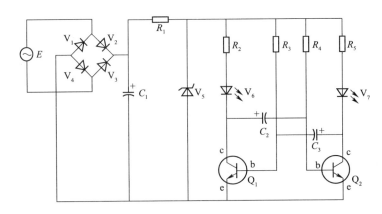

图 11-1 自励振荡电子闪光灯电路原理图

3. 注意事项

(1)制作前必须核对清楚组件规格型号和插件位置。

(2)元件弯脚处理时,元件本体与弯角处留有 2~3mm 距离,不能从引脚的根部开始打弯。

(3)有极性的元件要认清正、负极;三极管要注意区分 e、b、c 引脚,做好自检、互检工序。

(4)元件必须插装到底,不能有浮高、歪斜的现象。

(5)有损坏元件时,要将其放到废料盒中与良品分离。

三、任务准备

制作自励振荡电子闪光灯电路所需材料清单见表 11-1 所示。

材 料 清 单   表 11-1

序号	器件类型	规格型号	位置	数量
1	PCB 电路板	50mm×70mm		1
2	双头加锡导线	φ0.5×50mm		1

续上表

序号	器件类型	规格型号	位置	数量
3	电阻	270Ω	R_1	1
		150Ω	R_2	1
		15kΩ	R_3	1
		12kΩ	R_4	1
		100Ω	R_5	1
4	整流二极管	IN4007	V_1、V_2、V_3、V_4	4
5	稳压二极管	5V65T	V_5	1
6	发光二极管	φ5 红光、绿光	V_6、V_7	2
7	三极管	9013	Q_1、Q_2	2
8	电解电容	470μF	C_1	1
9	电解电容	220μF	C_2、C_3	2

四、任务实施

1. 实施步骤(表11-2)

实 施 步 骤　　　　表11-2

(1)元件检测 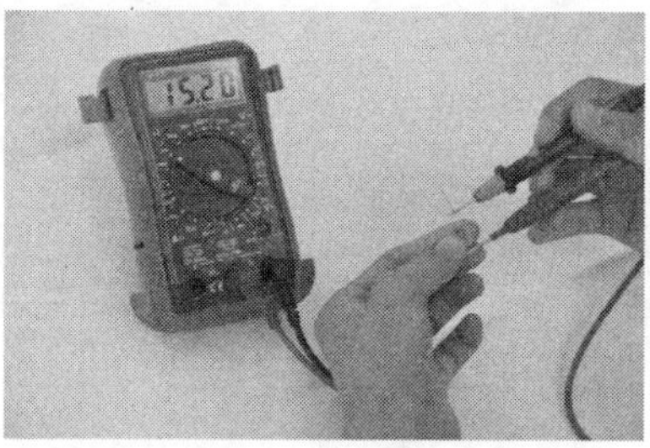	(2)元件分拣 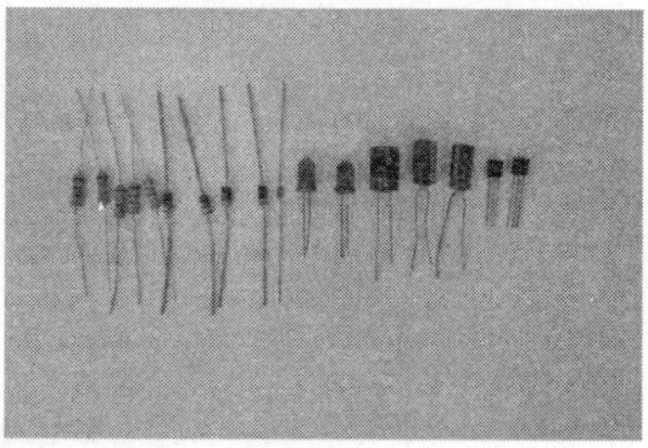
(3)所需工具 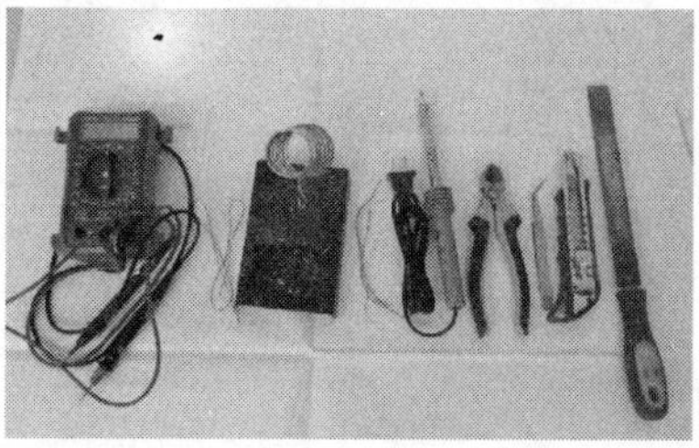	(4)元件插装 

续上表

(5)电路修整	(6)电路调试
	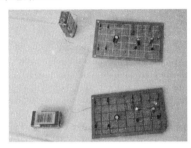

2. 任务检验(表11-3)

任务完成情况检验表　　　　　　　　　　　　　　　　表11-3

工　序		项目内容	核对情况(打√)		检查人	待说明情况
			是	否		
插件	电阻	R_1、R_2、R_3、R_4、R_5 是否分别为匹配电阻				
		R_1、R_2、R_3、R_4、R_5 误差色环方向是否一致				
	电容	C_1 是否为 $470\mu F$ 电容				
		C_1 引脚极性是否正确插装				
		C_2、C_3 是否为 $220\mu F$ 电容				
		C_2、C_3 引脚极性是否正确插装				
	发光二极管	V_6、V_7 是否紧贴电路板				
		V_6、V_7 引脚极性是否正确插装				
	三极管	Q_1、Q_2 是否为9013				
		Q_1、Q_2 引脚是否正确插装				
	整流二极管	$V_1 - V_4$ 是否紧贴电路板				
		$V_1 - V_4$ 引脚极性是否正确插装				
	稳压二极管	V_5 是否紧贴电路板				
		V_5 引脚极性是否正确插装				
	电源引线	正、负引线是否用白、黑导线区分				
元器件焊接		没有漏焊元器件				
剪元器件引脚		没有过长引脚				
		没有斜剪引脚				

续上表

工 序	项目内容	核对情况(打√) 是	核对情况(打√) 否	检查人	待说明情况
成品检验	目测焊点没有沙眼气泡				
	焊盘与电路板没有分离				
	电路功能正常				

五、任务评价

对本学习任务进行评价,学生技能考核评价表如表11-4所示。

学生技能考核评价表　　　　　　　表11-4

序号	操作步骤	操作内容	配分	评分标准	扣分	得分
1	准备工作	电源线的插接、电源的开启	10	根据操作酌情扣分		
2	识别、安装	正确识别电子元件类型	5	根据操作酌情扣分		
		正确安装电子元件	20	根据操作酌情扣分		
		安装顺序正确	10	根据操作酌情扣分		
3	焊接	工具使用熟练	10	根据操作酌情扣分		
		焊接牢固、焊点平滑光亮	20	根据操作酌情扣分		
		无虚焊、漏焊	10	根据操作酌情扣分		
4	安全文明	工装整洁	5	工装不整洁扣5分		
		操作完毕,清洁和整理工量具	10	未做扣10分		
	合　计		100			

学习任务12 检测汽车扬声器及音响

情景描述

一辆比亚迪F3轿车进入维修厂,车主反映该音响有问题。播放音乐时,车子在有点颠簸的路面行驶声源会断断续续,一首曲子无法完整播放;如果用手拍打播放器,曲子能正常播放一段时间,但问题依然存在。经班组长的检查后发现播放器线路工作异常,需要对扬声器及音响进行拆卸检查,必要时进行更换。

学习目标

★ 知识目标

1. 了解扬声器及音响的工作原理、功用及检测;
2. 掌握扬声器及音响、线路类型和选用;
3. 了解扬声器及音响常见故障现象。

★ 技能目标

1. 能够使用工具,知道扬声器及音响的位置及材料准备;
2. 学会判断扬声器及音响的工作状况;
3. 能按维修手册要求规范拆装扬声器及音响;
4. 培养团队协作精神,激发学习电子技术课的学习兴趣。

学习内容

1. 扬声器及音响工作原理及类型;
2. 扬声器及音响功用;
3. 检查扬声器及音响工作状况;
4. 按技术要求完成扬声器及音响的就车检修。

建议课时

8课时

 学习过程

一、任务要求

车辆在驻车的情况下扬声器及音响工作正常,但在模拟中即对车身摇晃后就出现声音卡停或直接停止的现象。

二、资料收集

1. 汽车音响的结构组成

主要由音源(主机)、扬声器(喇叭)、线材料等辅助设备及材料组成。

2. 扬声器的电压

路板上分出四路音源线路到扬声器(喇叭)上。工作的时候汽车蓄电池电压为12V,为适应大功率音响的电压需要配备一台逆变电源,将电压升至±24～±60V供音响使用。

3. 扬声器的工作原理

能将电信号转换成声信号并辐射到空气中去的电声换能器"扬声器",扬声器俗称喇叭。

4. 扬声器的分类

(1)按工作原理分类,可分电动式、电磁式、静电式、压电式、离子式等。

(2)按辐射方式分类,可分为直接辐射式扬声器、号筒式扬声器、耳机式扬声器。

(3)按用途分类,可分为汽车扬声器、高保真扬声器、监听扬声器、扩声类扬声器、收音机扬声器、录音机扬声器、电视机扬声器等。

5. 音响线材

(1)信号线:选择电阻越小的信号线,其功率就损耗越少,系统的音效就越好。

(2)扬声器线:选择电阻越小的扬声器线,其损耗系数越小,扬声器的赘余振动就小。所用线材最好是选择无氧化、无磁性金属材料。

6. 扬声器及音响常见故障

扬声器及音响故障主要表现为音源(主机)在播放碟片时卡碟无法播放,一般属于主机内部问题造成。主机正常播放但扬声器无音可能是线路断路造成,或者是扬声器出现故障。在正常情况下如果不及时修复,可能会造成新的元件损坏。

三、任务准备

(1)设备:比亚迪F3实训车、三件套、工作台。

(2)工量具:数字万用表、音响拆装专用工具、扳手。

(3)材料:抹布、手套。

四、任务实施

1. 就车拆卸音响准备工作步骤(表12-1)

就车拆卸音响准备工作步骤 表12-1

(1)工具、材料检查与准备	(2)检查音响拆装专用工具

(3)安装左前车轮挡块	(4)安装右后车轮挡块

(5)安装车内三件套	(6)安装车外三件套

2. 检修音响的操作步骤(表12-2)

检修音响的操作步骤 表12-2

(1)打开发动机舱盖	(2)拆卸蓄电池负极

续上表

(3)了解汽车播放器所在位置 	(4)了解汽车扬声器所在位置 
(5)正确选用拆主播放器的工具 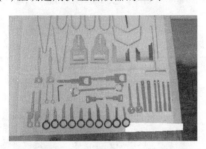	(6)为保护仪表的清洁需戴手套操作 
(7)拆卸主机播放器 	(8)拆主机时需注意底下有四颗固定螺钉 
(9)拆卸主机播放器时应注意排线的位置,用力拉时易断 	(10)拿下主机时需注意主线路各连接线是否良好,并作好标记 

续上表

(11)检测扬声器前的附件拆卸工作	(12)检测扬声器前的附件拆卸工作

3. 检查音响系统步骤(表 12-3)

采用互换法,把主机放在工作台上,用其他好的扬声器连接到好的音响,模拟颠簸情景用仪表对其检测。

检查音响系统步骤　　　　　　　　　　表 12-3

(1)检查连接线路情况	(2)检查播放器主要连接线头的焊接情况
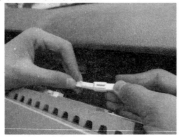	
(3)校表	(4)测量门旁扬声器与主播放器间的导断现象电阻值
	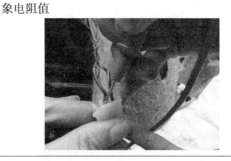
(5)测量门旁扬声器与主播放器间的导断现象电阻值	(6)检测主机线源与各扬声器的通断情况

续上表

（7）测声量器的电阻值，注意分正负极	（8）测声量器的电阻值，注意分正负极

4. 检查判断线材的性能

首先对线头处进行检查是否有断路现象，然后对每一根线材所接到的扬声器总成进行拆卸，再用万用表测量。

（1）用数字万用表欧姆挡 R×200 测量线路两头阻值（　　正常）；

（2）用数字万用表欧姆挡 R×200 测量扬声器阻值（　　正常）；

（3）不拆扬声器，直接用数字万用表欧姆挡 R×200 测量扬声器的阻值（　　正常）。

5. 安装扬声器及音响

（1）检查和分清线路的正、负两极；

（2）接线后再检查各线路接头处理是否良好；

（3）接好电源线后调试机器，检查扬声器及音响工作是否正常；安装是否到位；是否遗漏部件。起动发动机，模拟颠簸路况对音响进行检查。

五、任务评价

对本学习任务进行评价，学生技能考核评价表如表 12-4 所示。

学生技能考核评价表　　　　　　　　　　表 12-4

考评项目	技术要求考评标准	分值	得分
准备工作	车辆可靠停	2	
	安装三件套	2	
	车辆基本检查	3	
	工量具准备及检查	3	
工作原理	完整描述音响的组成	5	
	正确分析音响的工作原理	5	
	了解音响常见故障并制定合理方案	10	
就车拆卸音响	工具选择（选错一次扣 2 分，直至扣完为止）	5	

续上表

考评项目	技术要求考评标准	分值	得分
就车拆卸音响	工具正确使用	10	
	拆卸错误每次扣2分,不按规定技术要求操作每处扣2分	15	
检测音响	检查连接线情况	5	
	检查播放器主要连接线头的焊接情况	5	
	测量扬声器(门旁)与主播放器间线路连接情况	5	
	检测主机线源与各扬声器的连接情况	5	
	正确分辨声量器正负极	5	
	正确检测声量器性能	5	
整理工位	整理工量具,清洁工位	10	
总评(注:造成设备、工具人为损坏或人身伤害的,本学习任务计0分)			

六、学习拓展

汽车扬声器及音响的改装

汽车音响是指在车厢内声源与车厢所形成的听音效果。随着生活水平的不断提高,有车一族对汽车音响效果层次有了更高的追求。如比亚迪F3车型主机带有内置功率放大器,但其功率较小不能满足品质音响需求。从音响改装的等级可分为初级、中级、高级几种类型,如图12-1所示。

中、高级的改装汽车音响设备其中包括:音源(主机)、功率放大器、扬声器、分音器、均衡器、电容、线材等辅助设备及材料。

在风格上一般分为两种,音质型和强劲型。音质型:追求纯正的音乐、高保真;强劲型:最大的动态范围,大声压、大音量,属美洲风格。

音源(主机):是指CD、VCD、DVD、MP3、收音功能等能够置放影音软件的音响设备,并具备将影音软件内存资料解读成音响系统能够运作信号的设备。

功率放大器(功放):有2路和4路。其基本作用是将音频信号进行功率放大(电流放大),用来驱动扬声器重放声音。

扬声器(喇叭):在整个音响系统中起到决定性作用,甚至会影响整个音响系统播放风格。汽车音响改装中,更换主机及喇叭是最常见、最基本的改装。

扬声器按播放频率可分为:全频喇叭、高音喇叭、中音喇叭、低音喇叭;按尺寸可分为(英寸):4寸、5寸、6寸等。低音喇叭有10寸、12寸等;按性能可分为同轴喇叭、全套喇叭。线材包括喇叭线、电源线和信号线。

(1)选择喇叭线时,若是冷、硬、高频过量音响器材,应选温暖型的;若是中低频过量、声音浓厚和速度较慢的器材,应选清爽冷艳行的。这样可以辅助增加高频分析力、低频凝聚力和音场清晰度。

（2）选择电源线时不能只看外观尺寸，重要的是看铜芯的粗细与优劣；同时也要看电流值是否适合功率放大器输出值。

（3）选择信号线时，RCA端子最好选择金属材质因其抗干扰能力强；普通车型通常选用无氧铜（OFC）制造的音频；在高音方面选用镀银铜或纯银线。

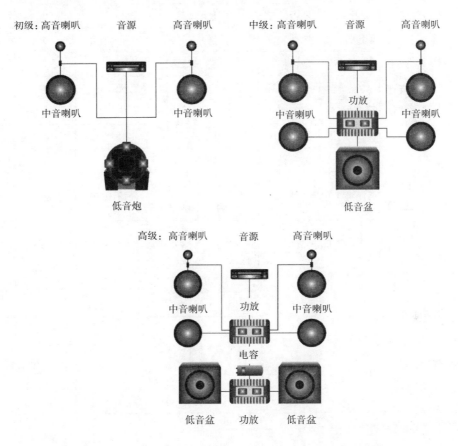

图12-1 汽车音响改装方案

分音器：其原理是分离音频信号给各喇叭单元，保护喇叭和分配工作。

均衡器：是一种可以分别调节各种频率成分电信号的设备，用于补偿扬声器的缺陷，修饰声源及其他的作用。

电容：指的是在给定电位差下的电荷储藏量。

保险：保护设备正常运行，设备过载时将会停止工作。

完美的汽车音响：是针对车主的视听喜好，结合车辆的视听环境和器材特点，设计不同的影音配套方案。器材的好坏直接决定视听效果的优良，所以要选择高品质的器材。

技术要求：要具有专业的理论知识、丰富的实际操作经验、严格专业的施工程序、专业的音效调试技术，才能保证影音系统达到最佳视听效果。

对学生的课程学习情况评价表详见学习评价表。

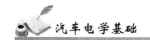

学习评价表

基本信息		姓名		班级		学号		组别	
		考核方式		分组进行,单人操作,小组成员与教师参与考评					
基本职业能力考评			考评项目	考评标准	教师和同学评判			分值	得分
社会能力 (30分)	教师考评		考勤	是否缺勤	是	否		6	
	自评、互评、教师评价		团队合作	是否和谐	是	否		4	
			沟通讨论	是否积极	是	否		4	
			设备安全	有无损坏	有	无		4	
			人身安全	有无损伤	有	无		4	
			生产纪律	是否守纪	是	否		4	
			现场7S	是否遵循	是	否		4	
方法能力 (30分)	自评、教师评价		任务工单完成情况	完整正确	完整基本正确	不正确		15	
	教师评价		回答问题情况	正确	基本正确	不正确		15	
专业能力 (40分)				教师评价					
总 分									
得分评价 (打"√")	优秀 (90~100分)		良好 (80~89分)		合格 (60~79分)		继续努力		

参 考 文 献

[1] 姚年春,侯玉杰.电路基础[M].北京:人民邮电出版社,2010年.
[2] 秦曾煌.电工学(第六册－电子技术)[M].北京:高等教育出版社,2009年.
[3] 袁洪岭,印成清,张源淳.电工电子技术基础[M].武汉:华中科技大学出版社,2013年.
[4] 黄元峰,刘晓静,高玉良.电工电子[M].北京:人民邮电出版社,2011年.
[5] 李振声,李晓飞,李晓静,宗晓宁.电工电子实验教程[M].北京:科学出版社,2012年.
[6] 罗富坤.汽车电工电子技术基础[M].北京:机械工业出版社,2011年.
[7] 刘冰,潘玉红.汽车电工电子技术基础[M].北京:人民邮电出版社,2010年.
[8] 杨振坤.应用电工电子技术[M].北京:电子工业出版社,2011年.
[9] 徐淑华.电工电子技术实验教程[M].北京:电子工业出版社,2012年.
[10] 张大鹏,张宪.汽车电工电子基础[M].北京:北京理工大学出版社,2012年.
[11] 芮延年.电工电子技术[M].北京:电子工业出版社,2013年.
[12] 邹逢兴.电工电子技术教程(上册):电工与电路基础[M].北京:电子工业出版社,2011年.
[13] 邹逢兴.电工电子技术教程(下册):集成模拟电子技术基础[M].北京:电子工业出版社,2011年.
[14] 袁军芳,王平.电工[M].北京:中国劳动社会保障出版社,2012年.
[15] 李毅,王尧明.电工(电工电子类)[M].湖北:湖北科学技术出版社,2009年.